지금 너에게 가장 필요한 것은

손정의의 '자기가 원하는 인생' 특강

지금 너에게 가장 필요한 것은

소프트뱅크 신규채용 라이브 편찬위원회 엮음

정은영 옮김

마리북

자신이 원하는 의미 있는 인생을 위해

우리에게 주어진 인생의 명제는 무엇일까?

어떤 사람이든 '자신이 원하는 인생'을 사는 것이다. 그것이 곧 '최고의 인생'이다.

요즘 여기저기서 '힘들다'고 하는 젊은이들이 많다. 불투명한 미래에 대한 불안으로 젊은이들이 활기를 잃어가고 있다. 그렇지만 어떤 시대든 힘들지 않은 젊은이들이 없었다. 사회적 여파이든 개인적인 것이든, 성장통은 그들이 반드시 거쳐가야 할 통과의례이기 때문이다.

손정의 회장은 우리의 미래를 이끌어갈 젊은이들에게 가장 필요한 다음 두 가지 화두를 던진다.

'내가 하고 싶은 일을 만나려면 어떻게 해야 할까?'

'내 인생을 걸고 무엇을 이루어낼 것인가?'

특히 경제 상황이 어렵고 앞날이 보이지 않는 지금이야말로 이 단순하고도 정직한 물음과 진지하게 마주할 필요가 있다. 자신이 살아가는 의미와 인생 본연의 모습을 근본부터 다시 살펴보고 스스로의 힘으로 활로를 열어가야 한다.

소프트뱅크 그룹은 매년 신규채용을 위해 유스트림에서 실시간으로 제공하는 '소프트뱅트 신규채용 라이브'를 실시한다. 이 책은 그 이벤트에서 손정의 회장이 젊은이들에게 던진 메시지 중 핵심 내용을 뽑아 담은 것이다. 이 책에는 손정의 회장이 생각하는 '최고의 인생'과 '일하는 방법'이 고스란히 담겨 있다.

손정의 회장은 한때 간에 병이 생겨 시한부 선고까지 받았다. 그는 죽음의 문턱에서 '왜 나에게 생명이 주어졌는가'를 치열하게 고민했다. 이 책에는 손정의 회장이 그 뼈저린 체험을 통해 얻은 삶의 철학, 즉 '생명이 다할 때까지 자신이 원하는 의미 있는 일생을 보내기' 위한 조언이 담겨져 있다.

'정보혁명으로 사람들을 행복하게 만든다'는 뜻 아래 힘차게 나아가는 소프트뱅크 손정의 회장의 말들은, 기본적으로는 구직 활동을 하는 학생들과 20~30대들에게 주는 메시지이다. 하지만 일을 하고는 있지만 방향성을 잃어버린 사람들, 더욱 성장하기를 바라며 열심히 일하고 있는 사람들에게도 각각 다른 울림이 되어 다시 한 번 마음을 다잡게 해줄 것이다.

　평생을 '양복을 입은 전사'로 살아온 손정의 회장은 자신이 한 말들을 삶을 통해 실천으로 옮긴 사람이다. 그래서 손정의 회장의 말들은 더욱 살아 있으며, 언제 누가 들어도 '진리'라고 할 수 있는, 세대를 아우르고 시대를 관통하는 힘이 있다.

　내 마음을 위로해주는 누군가를 만나는 것도 좋지만, 때로는 호통치는 아버지처럼 내 정신을 바짝 차리게 해서 강력하게 이끌어줄 누군가도 필요하다. 첫머리에 나온 물음에 대한 답을 찾았을 때 비로소 여러분은 자신의 인생을 스스로 컨트롤할 수 있는 강력한 무기를 손에 넣게 될 것이다.

　이 책을 읽고 한 명이라도 더 많은 사람이 그 물음에 대한 해답을 찾길 바란다. 또 손정의 회장의 강한 에너지가 그대로 전달되어 여러분도 지금 당장 움직일 수 있기를 바란다.

'소프트뱅크 신규채용 라이브' 편찬위원회

2장 내가 네 나이였을 때

3장 양복을 입은 전사가 되어라

4장 절대 지지 않는 승부사가 되어라

5장 꿈꾸지 않는 자, 행복을 바라지 마라

1장

힘들다고
주저앉을 것인가?

손정의,
지금 너에게
가장 필요한 것은

오를 산을
정하라

여러분은 지금 인생의 기로에 서 있다. 사회인으로서 여러분의 인생이 시작된 것이다. 지금 여러분 앞에 펼쳐진 시간은, 여러분의 인생에서 아주 중요한 갈림길이 될 것이다. 여러분 스스로가 어떤 산을 오를지 결정해야 한다.

나는 열다섯 살 때 《료마가 간다》라는 책을 접하고 인생관이 송두리째 달라졌다. 이 책을 만났기에 고등학교에 입학하고 곧바로 혼자서 미국행을 결정할 수 있었다. 나의 인생에 가장 큰 영향을 준 사람이 사카모토 료마(坂本龍馬, 도쿠가와 막부 체제를 끝내고 일왕 중심의 중앙집권적 근대 국가로 재탄생하는 데 크게 기여한 인

물)이다. 그를 소개한 책이 바로 시바 료타로司馬遼太郎의 《료마가
간다》였다.

사카모토 료마는 번에서 지위가 낮은 하사였기 때문에 어릴 때
부터 차별 대우를 받았다. 하지만 료마는 '이대로는 일본이 서구
열강에 뒤처져 식민지화될 것이다'라는 위기감을 가지고, 번도 지
위도 개의치 않고 자신과 뜻을 같이하는 동료들과 함께 일본을 바
꾸었다.

돈이나 지위, 명예 때문이 아니라 많은 사람들을 위해 자신의
목숨까지 내던진, 그 거룩하고 높은 뜻에 나는 실로 감동했다. 어
릴 때부터 나를 감싸고 있던 국적이나 열등감이 아무것도 아니라
는 것을 깨달았다. 그리고 '미국으로 가서 세계를 꼭 보리라' 결
심했다.

이렇게 나는 열여섯 살에, 미국으로 가서 일본뿐만 아니라 전 세
계 많은 사람들에게 영향을 미치는 일을 하고 싶다고 생각하게 되
었다. 그리고 이 '뜻'을 이루기 위해 사업가가 되겠다는 생각을 굳
혔다.

그때 예기치 못한 만남이 찾아왔다. 과학 잡지를 읽는데 당시
세상에 막 나온 마이크로컴퓨터의 칩이 클로즈업되어 나의 눈에
들어왔다. 나는 머리를 한 대 맞은 것 같은 커다란 충격을 받았다.
나의 인생이 완전히 달라지는 순간이었다. 그 순간 '컴퓨터에 인

생을 바치자!'라고 다짐했던 것이다.

대학을 졸업하고 1980년대에 일본으로 귀국했다. 이후 1년 반에 걸쳐 어떤 사업으로 회사를 일으킬지 고민에 고민을 거듭했다. 여러분도 일자리 찾는 것에 급급해하지 말고 인생 전반에 걸쳐 무엇을 추구할지 머리가 터질 정도로 깊이 생각해서 '오를 산'을 결정해보라. 이것은 자신의 인생 전반을 좌지우지하는 아주 중요한 문제이다.

나는 생각하고 또 생각한 결과, 오를 산을 결정했다. 그것은 '정보혁명'이었다. '정보혁명'은 뇌의 작용을 연장시키는 혁명, 사람들에게 새로운 라이프스타일과 가치관을 제공하는 가치 있는 일이라고 생각한다.

이 혁명으로 사람들의 쓸쓸함이 줄어들고 기쁨이나 행복은 더욱 늘어날 것이라 믿는다. '정보혁명'은 앞으로도 계속되고 점점 본격화되어갈 것이다. 나는 약 30여 년 전에 그 혁명에 목숨을 걸고 싶다, 인생을 걸고 싶다고 생각하고 일본 소프트뱅크를 창업했다.

자신의 인생을 걸고 추구할 테마를 찾아라.

지금은
아직 '등산로'에
지나지 않는다

소프트뱅크가 지금까지 올라온 산을 되돌아본다.

그 산의 1부 능선은 'PC 시대의 승부기'였다. PC라는 새로운 문명에 대한 도전, 자금회전에 대한 어려움, 거기다 나의 투병으로 생과 사를 넘나들며 고군분투하던 창업기의 시련 극복 단계였다.

2부 능선은 '인터넷 시대의 승부기'였다. 내가 30대 때 회사가 상장되어 시가총액이 2,000억 엔이 넘는 규모가 되었다. 그 자금으로 미국 진출을 결정했다. 그리고 당시 아직 무명이었던 야후의 가능성을 발견하고, 일본에 인터넷 혁명을 도입했다.

3부 능선은 야후BB의 서비스를 개시하여 '브로드밴드 혁명에 도전하던 시기'였다. 일본을 세계 제일의 브로드밴드 대국으로 이끌기 위한 것이었다.

4부 능선은 보다폰 일본 법인을 매수해서 휴대전화사업에 참여한 '모바일 인터넷 1등에 도전하던 시기'였다. 보다폰 일본 법인을 매수할 당시 내 나이는 48세였다. 40대에 내 인생의 일대 승부수를 띄운 셈이다.

그리고 5부 능선은 '아시아 인터넷 1등'을 꿈꾸며, 중국의 주요 인터넷 기업과 파트너십을 맺고 사업을 순조롭게 확대해나가고 있는 지금의 시기이다.

그러나 산이라는 것은 올라가보면 등산로마다 새롭게 보이는 풍경이 있다. 5부 능선이라고 생각하는 곳까지 올라와보니 앞으로 올라야 할 산은 더욱 높고, 지금 있는 곳은 아직 등산로 입구에 지나지 않는다는 것을 발견했다. 진정한 등산은 지금부터 시작인 것이다.

산은 오르다보면 등산로마다 새롭게 보이는 풍경이 있다.

높은 뜻 아래
새로운 비전을
세워라

지금은 실로 막부 말기(에도 막부 말기. 1853년 흑선 내항에서 메이지 정부군이 1868년 에도 성에 무혈 입성하여 도쿠가와 막부를 붕괴시킬 때까지의 15년간을 가리킨다)와 같은 상황이다.

사카모토 료마가 활약했던 때와 마찬가지로 우리는 지금 곤경에 처해 있다. 최근 20년간 GDP는 거의 성장하지 않았다.

참으로 긴 시간 동안 여러 가지 이유를 대며 우리 사회를 비난만 하고 앞으로 전혀 나아가지 못했다. 거기에 정치, 경제적 문제가 분출되어 나라 전체가 활력을 잃고 말았다. 우리에게 아직 헝그리 정신이 있었다면 '그래도 앞으로 나아가야 한다'며 계속해서 새로운 것을 만들어갔을 것이다.

지금 세상은 다시금 새로운 비전, 높은 뜻을 내걸어야만 한다. 비전이라는 것은 '각오를 단단히 다지고 많은 사람들을 끌어들여 일을 이룬다'는 뜻이다. 이 비전을 실현하려면 목숨을 걸 정도의 열정을 가지고 있어야 하며, 문제점이 있으면 다 같이 해결해야 한다. 그러면 세상은 한 걸음 한 걸음 개혁의 길을 걸어갈 수 있을 것이다.

예를 들자면 소프트뱅크의 로고인 '이퀄 마크'가 그러하다. 작년 NHK에서 대하드라마 '료마전'이 방영되어 매주 열심히 보았다. 실은 소프트뱅크의 로고는 사카모토 료마가 수장으로 있었던 '해원대(海援隊, 에도시대 말기에 사카모토 료마를 중심으로 결성된 사설 해군. 무역회사로도 활동했다)' 깃발의 두 줄을 보고 영감을 얻어 만든 것이다.

지금은 휴대전화나 소프트뱅크 모바일 점포 등 여러 곳에서 이 로고가 사용되고 있는데, 지금 시대야말로 '일본을 다시 살아나게 한다', '일본의 여명을 다시 한 번 맞이하게 한다'라는 해원대의 비전을 떠올릴 때다.

사카모토 료마의 높은 '뜻' 아래 많은 젊은이들이 결집했던 것처럼, 다시 한 번 세상에 활력을 불어넣는다는 생각 아래 많은 젊은이들이 힘을 합쳐줬으면 좋겠다.

지금 우리 사회는 젊은 여러분의 활기와 패기가 그 무엇보다 필요한 때이다. 여러분의 생각과 결심에 우리의 미래가 달려 있다. 젊은이들이여, 시대의 이 절실한 요구를 부디 외면하지 말기를 바란다.

다시 한 번 세상에 활력을 불어넣자는 생각으로 뭉치자.

일찍이 인생의
첫 번째 승부를
걸어라

인생에는 큰 승부를 해야 할 때가 있다. 내 인생의 첫 번째 승부는 열여섯 살 때 뜻을 세우고 미국으로 건너간 것이다. 그 전에 열다섯 살 때 여름방학 한 달 동안 영어 어학연수를 위해 미국에 여행을 간 적이 있는데, 그때의 체험은 실로 신천지가 펼쳐지는 듯한 느낌이었다. 정말로 미국은 넓었다. 어린 나의 눈에는 미국이 세계에서 가장 크고 문명이 발달한 나라처럼 보였다.

료마는 '세계로 나가고 싶다, 미국을 보고 싶다, 유럽을 보고 싶다'고 뜻을 정하고, 해운건설에 종사하고 해원대를 조직하기도 했지만 결국 가지 못했다.

송하촌숙(松下村塾, 일본 야마구치현 하기시에 있는 에도시대 후기의 사숙)에서 많은 막부 말의 지사를 육성한 요시다 쇼인吉田松陰은 젊은 시절 '미국이라는 문명국에 가서 보고 배우고 싶다'고 결심했다. 그래서 시모다下田 앞바다에 정박한 미국 배에 몰래 들어가 밀항하려 했지만 실패해서 감옥에 갇히고 말았다.

'목숨을 걸고서라도 보고 싶다'던 많은 사람들이 가보지 못했던 곳이 미국이다. 그런데 꼭 가보고 싶다던 나의 바람이 이루어진 것이다. 그래서 나는 각오를 다졌다.

기회란 누구에게나 찾아오는 것이다. 그러나 기회를 살리는 사람은 적다. 나는 고등학교 1학년 때 주위 사람들의 만류를 뿌리치며 학교를 그만두고, 미국으로 유학을 가는 승부수를 띄웠다. 그 분기점이 된 것은 도망갈 길을 끊으면서까지 기회에 도전할 용기가 있는가 없는가였다.

도망갈 길을 끊고서라도 열정을 바칠 용기를 가져라.

스스로 한계를
뛰어넘을 만큼
일하라

열여섯 살 때 미국으로 유학을 가서 나는 그야말로 죽을 각오로 열심히 공부했다. 폐렴에 걸렸는데도 그 사실조차 모를 정도였다. 감기 때문에 기침이 나오고 코가 막혀 머리가 지끈지끈 아픈 상태에서도, 항상 가장 먼저 교실에 들어가서 맨 앞 줄 한가운데에 앉아 선생님의 말씀을 한마디도 놓치지 않을 작정으로 수업을 들었다.

화장실에 갈 때도 교과서를 손에서 내려놓지 않았다. 길을 걸을 때도 교과서를 읽었다. 차를 운전할 때도 수업을 녹음한 테이프를 이어폰으로 들으면서 다시 한 번 복습했다. 공부하지 않을 때는 잠자리에 든 시간뿐이었다. 잠도 최소한의 시간만 잤다. 몽롱한 상태에서도 잠자는 시간 외에는 계속 공부했다.

당시 나는 물리적인 한계를 뛰어넘을 정도로 공부를 했다. 그 정도로 내가 할 수 있는 모든 것을 다했다. 처음에는 가족 모두의 반대를 무릅쓰고, 내 마음대로 유학을 결정했기에 그 부담감에 쉬엄쉬엄 공부할 수 없었다. 도망갈 길을 끊고 미국에 간 이상 그렇게 할 수밖에 없다고 생각했다. 그런데 공부를 계속하다보니 이제는 학문 그 자체가 재미있었다.

유학은 내 인생의 커다란 승부처이며 전환기였다. 미국에서는 고등학교 2학년으로 입학했지만, 일주일 만에 교장선생님께 3학년으로 바꾸어달라고 요청했다. 이런 나의 요구가 받아들여지자 3학년 교과서를 모두 주문해 5일 만에 모든 교과서를 훑어봤다. 전부 읽고 나서 한 번 더 교장선생님께 부탁하여, 3학년도 월반해서 4학년 교과서를 전부 갖고 싶다고 했다. 그래서 4학년으로 바꾸고 다시 5일 만에 4학년 교과서를 전부 읽었다. 그리고 마침내 대학에 갈 것을 결심하고 검정고시에 합격하여 대학에 가게 되었다. 일본에서 보낸 고등학교 1학년 때의 6개월과 미국에서 보낸 합계 2주간으로 고등학교 생활은 끝이 났다.

일본에서 학교에 다녔을 때는 마지못해 억지로 공부했다. 하고 싶지도 않은 공부를 하고 있기 때문에 성적이 나쁜 것이라며 이런

저런 변명을 늘어놓기도 했다.

대개 하고 싶지 않은 일을 하고 있으면 무엇을 위해 그 일이 필요한 것인지 이유를 생각하거나 '이런 게 세상에 무슨 도움이 될까, 의미가 있는 걸까?' 하고 비난하며 대충대충 하게 된다.

그러나 나는 피를 토하고 입원해 있는 아버지나 울며 만류하시던 어머니를 뿌리치고 미국에 온 이상, 영어를 몰라 공부를 못한다는 변명은 절대로 하고 싶지 않았기에 죽을 각오로 공부했다. 여기서 변명하고 공부를 게을리해서 어쩌겠는가. 학생에게는 공부가 본업이다. 본업 중의 본업인데, 온몸이 부서져라 공부하지 않으면 천벌을 받을 거라고 생각했다.

항상 맨 앞줄에 앉아 집중하라.

인생을 좌우할
운명적인 만남을
잡아라

내가 대학 1학년이었던 열일곱 살 때, 인생을 좌우할 만한 큰 만남이 갑자기 찾아왔다. 마이크로컴퓨터의 칩을 사진으로 처음 본 것이다. 이제 막 등장한 마이크로컴퓨터의 칩. 그 사진이 과학잡지 한 페이지에 가득 실려 있었는데, 어딘가 미래도시의 설계도 같이도 보였다. 처음 보는 신기한 사진에 흥미를 가지고 다음 페이지를 넘기자, 그것이 마이크로컴퓨터 칩의 확대 사진이라는 설명이 써 있었다.

마이크로컴퓨터의 칩은 집게손가락 끝에 올라갈 정도로 작은 기술의 결정체였다. 나는 그것을 보고 눈물이 뚝뚝 떨어질 정도로 감명을 받았다.

　감동적인 영화나 음악을 접하면 양손의 손가락이 찌릿찌릿 저릴 때가 있다. 이런 증상은 필시 심장에서 흘러나오는 혈액이 머리에 모여, 몸의 말단까지 흐르지 못해서 일어나는 것이다. 그렇다. 나는 양손가락, 발가락이 저려서 견딜 수 없을 정도로 큰 감동을 받았다.

　'인류는 얼마나 대단한 일을 해냈는가. 어쩌면 인류는 처음으로 뇌의 능력을 뛰어넘을 대단한 것을 발명한 것인지도 모른다.'

　나는 그 사진을 잘라내어 투명한 파일에 끼워 넣고 늘 소중히 지니고 다녔다. 반년간 수업 중에 때때로 꺼내서는 바라보고 다시 넣기를 반복했다.

　'이 발명으로 인해 20세기 말과 21세기에 인류 사회는 어떻게 발전할 것인가?'

　그런 상상을 하기 시작하면 멈출 수가 없었다.

운명적인 만남은 예기치 못한 순간에 찾아온다.

10년 단위로
인생 계획을
세워라

여러분은 인생 계획이 있는가? 나는 열아홉 살 때 '인생 50년 계획'을 다음과 같이 세웠다.

20대에 이름을 알린다. 사업을 시작하고 일생을 걸겠다고 결정한 업계에 이름을 알린다.

30대에 사업자금을 모은다. 사업자금은 1,000억 엔, 2,000억 엔 규모여야 한다.

40대에 한판 승부를 한다. 1조 엔, 2조 엔 규모의 승부를 한다.

50대에 어느 정도의 사업, 비즈니스 모델을 완성시킨다.

60대에 다음 경영진에게 자리를 물려준다.

나는 열아홉 살 때 이 계획을 세운 이후, 한 번도 바꾸지 않았다. 인생의 길을 대략 결정하면 다음에는 그 이념에 따라서 행동하기만 하면 된다. 이것이 뜻을 가지고 일을 이루기 위한 보다 구체적인 지침이 된다. 10년마다 자신이 해야 할 일을 확인하고 행동함으로써 인생의 목표달성률이 크게 달라진다.

앞으로 10년간 해야 할 일이 무엇인가를 생각하라.

덤비지 않으면
기회는 달아난다

소프트뱅크를 창업한 뒤 한 달째에 다시 승부의 시기가 찾아왔다. 당시 우리 회사의 자본금은 1,000만 엔(약 1억 2,000만 원) 정도였는데 그것을 전액 사용하기로 결정했다. 오사카에서 열리는 일렉트로닉스 쇼에 참가하기로 하고 우선 800만 엔(약 9,600만 원)을 써서 회사 이름을 알렸다.

소프트뱅크 창업 당시 일본의 PC산업은 암중모색暗中摸索 상태였다. PC에 대한 인식도 장난감 아니냐 하는 정도의 수준이었고, 소프트웨어 회사도 전무한 것과 마찬가지였다. 어떤 소프트웨어가 있고 어디에 가면 구할 수 있는지 짐작도 가지 않는 상태였다.

나는 앞으로 PC가 세상에 넘쳐나는 시대가 올 것이며, PC산업이 비약적으로 성장할 것임을 확신했다. PC를 사용하려면 반드시 소프트웨어가 필요하다. 그 소프트웨어를 판매하는 곳이 '소프트뱅크'라는 회사라는 사실을 어필하는 것이 가장 중요했다. 이를 위해 오사카 일렉트로닉스 쇼 참가를 결정한 것이었다.

또 어떤 소프트웨어를 취급하고 있는지 소개하기 위해 카탈로그 대신에 잡지를 한 권 만들고 거기에 200만 엔(약 2,400만 원) 이상을 들였다. 무모하기는 했지만, 이름을 알린다는 것은 그런 것이다. 만약 고객이 오지 않고 매출이 없다면 그것으로 회사는 끝난다. 실제로도 고객은 바로 오지 않았다.

그런데 일주일 정도 지난 뒤 가전제품을 판매하는 조신덴키上新電機라는 회사에서 전화가 한 통 왔다. 일렉트로닉스 쇼에서 소프트뱅크의 전시 코너를 보고 놀랐고, 꼭 거래를 하고 싶다는 것이었다. 그때 우리는 돈이 없었고 비즈니스 경험도 아직 적었으며 제품도 확실하게 갖추어져 있지 않았다. 그러나 자신의 한계는 자신이 결정한다. 누구에게도 지지 않을 열의와 성공에 대한 확신만은 있었다.

조신덴키 측에 소프트뱅크와 독점계약을 해줄 것을 신신당부하고 그들에 대한 어필 전략도 생각했다. 실제로 거래가 시작되자 경영이익은 순식간에 올라갔다. 사업 초년 20억 엔(약 240억 원)

의 매출이었던 것이 1년 조금 넘자 45억 엔(약 540억 원)의 연간 매
출액을 기록하게 되었다.

PC의 시대가 반드시 올 것이라는 확신, 다소 실패를 하더라도
포기하지 않을 열의가 있었기에 언뜻 무모하게 보이는 도전에서
도 이길 수 있었다.

철저한 준비로 기회를 만들고 기회가 왔을 때, 무모하다시피 덤
비지 않으면 기회는 저 멀리 달아나고 없다는 것을 명심하라.

확신에 기반을 둔 열의는 반드시 통한다.

돈보다
가치 있는 것을
찾아라

　인터넷 거품이 한창이던 시절, 소프트뱅크의 주가는 급상승했다. 보유 주식이 일주일 만에 1조 엔(약 12조 원)씩 증가했다. 언론에서는 내 자산이 마이크로소프트의 빌 게이츠보다 많다고 연일 보도되었다.

　그런데 어느 한순간 '돈 따위는 원치 않는다'라는 생각이 들었다. 자산이 매주 1조 엔씩 늘면 어느 가게에 가더라도 쇼핑하는 즐거움을 느끼지 못하게 된다. 물건을 집어들고 '이걸 사야 되나, 말아야 되나' 하는 망설임이 완전히 사라진다.

　'집을 사고 싶다, 차를 사고 싶다, 옷을 사고 싶다'라는 욕구, 물건을 사는 즐거움도 완전히 사라졌을 때 드는 생각은 '누가 이 돈을 좀 가져갔으면 좋겠다. 방해가 된다'는 것이다. 금전 감각이 마비되니 감정도 마비되어 갔다.

그때 내가 통감한 것이 '사람들을 기쁘게 할 수 있는 일을 하고 싶다. 돈을 많이 버는 일을 넘어서 사람들이 고마워하는 일을 하고 싶다. 돈에 얽매이지 않는 일을 하고 싶다. 그렇게 해야만 한다'는 것이었다. 오로지 그 생각에 여념이 없었다.

> **자신을 가장 강하게 채찍질하고 움직이게 하는 생각에 집중하라.**

확신이 있다면
흔들리지 마라

소프트뱅크가 인터넷 업계에 뛰어든 시기는 인터넷 거품이 꺼져 자산도 없어진 때였다. 그런데도 승부에 나서기로 결정한 것은 브로드밴드(용량이 큰 동영상이나 음악을 원활하게 즐길 수 있는 고속 인터넷 회선) 사업을 시작하지 않으면, 일본 전체에 손실이 될 거라고 생각했기 때문이다. 나는 일본 최대 인프라 회사의 사장과 직접 담판을 벌였다. ADSL을 시작하지 않으면 일본이 세계의 흐름에서 뒤처지게 된다고 설득했지만 그는 받아들이지 않았다.

그렇다면, 소프트뱅크가 손해를 뒤집어쓰더라도 실행해야겠다고 생각했다. 그래서 여러 지하철역 앞에서 '야후BB'라고 적힌 빨간 봉투를 사람들에게 무료로 나누어주었다. 그것을 가지고 돌아가 브로드밴드가 얼마나 빠른지 체험하게 하려는 것이었다. 이것으로 일본의 인터넷 환경이 바뀔 것이라고 믿었다. 그 결과, 인터넷 사업의 경쟁 회사가 어부지리를 얻게 될지도 모른다. 소프트뱅크만 자금을 투자해서 손해를 보게 될지도 모른다.

그러나 그렇게 자신의 손익만 계산하면 한걸음도 앞으로 나아가지 못하게 된다. 소프트뱅크의 자회사가 수익을 내고, 경쟁 회사도 도움을 받고, 전 국민은 기뻐할 것이다. 설령 후세에 이름이 남지 않는다고 하더라도 많은 사람들을 기쁘게 하는 것이 더 중요하다.

'명예도, 지위도, 돈도 필요 없다'고 진심으로 생각하는 사람에게는 누구도 맞서 겨룰 수 없다. '야후BB' 프로젝트는 그런 굳은 결심으로 실행되었다. 돈을 벌기 위해, 명예욕 때문에 시작한 것이 아니다.

손익 계산만 따져서는 안 된다.

정말로
몰두할 수 있는 일을 만났다면
목숨을 걸어라

　마음속에서 '이거다' 싶은 것을 만났을 때, 사람은 시간과 장소에 관계없이 어쨌거나 일에 매진할 수 있다. 그때에는 '뭐 때문에 일하나', '월급이 적어서 괴롭다' 같은 건 생각할 틈이 없다.

　'야후BB'를 시작했을 때, 소프트뱅크 대표인 나는 기술직 직원들과 함께 좁은 사무실 한 켠에 거의 처박혀 살다시피 하며 일을 했다. 그 기간 동안은 주말, 휴일, 오봉(お盆. 음력 7월 15일로, 조상의 영을 기리는 일본의 명절), 오쇼가츠(お正月. 정월, 일본의 설)를 모두 반납했다.

　어느 날, 거래처 사람과 약속을 잡으며 "업무상 할 얘기가 있으니 3시에 와달라"고 부탁했다. 보통 사람들은 3시라고 하면 오후 3시라고 생각한다. 그 또한 마찬가지로 오후 3시로 생각하고 있었다. 그러나 나는 새벽 3시를 말한 것이었다. "2시에 와달라"고 부탁한 적도 있다. 그것도 새벽 2시를 말한 것이었다. 3시까지 미팅을 하고 난 다음 "이 일을 6시까지 끝내달라"고 부하 직원에게 부탁하고 퇴근한 적도 있다. 물론 이때 6시라고 한 것도 다음 날 저녁이 아니라 그날 아침 6시였다. 고객을 기다리게 하지 않기 위해서 목욕할 시간도 없을 정도로 극한의 상태에서 일했다.

젊은 시절밖에 할 수 없는 이 경험이 그 후의 내 직업인생을 바꿔주었다. 반드시 많은 사람들에게 도움이 될 것이고, 절대로 완수하지 않으면 안 되는 일이라고 생각되는 일을 만났을 때는 목숨을 걸고 돌진해야 한다.

젊으니까 덤비면서 할 수 있는 일이 있다.

한 가지 목표를
정했으면 다른 것은
신경 쓰지 마라

어떤 중요한 뜻을 정했다면 그 외의 기술이나 사업 형태에는 구애받지 않는다. 그것이 소프트뱅크가 성공할 수 있었던 가장 큰 요인이다. '정보혁명으로 사람들을 행복하게 한다'는 목표를 창업 첫날부터 내걸었고 앞으로 30년 후, 300년 후에도 이 한 가지 목표로 나아가기로 정했다.

그러나 특정 테크놀로지, 비즈니스 모델에는 일체 구애받지 않는다. 소프트뱅크는 어떤 특정한 것을 만들고 있는 회사가 아니다. 하나의 사업에 '구애받지 않는다'는 것이 강점인 것이다. '정보혁명으로 사람들을 행복하게 한다!', 중요한 것은 그것뿐이다.

그러기 위해서는 앞으로도 세계에서 우수한 기술을 보유하고 있는 기업들과 파트너십을 맺어 사람들의 라이프스타일을 혁신하며 계속 진화해가야 한다. 그 과정에서 정말 구애받아야 할 것이 있다면 딱 한 가지밖에 없다. '이 목표를 달성하겠다'고 정했으면 그것을 위한 수단에까지 구애받을 필요는 없다.

성장 단계에서는 지금까지의 방식이 통용되지 않을 수도 있고, 불과 몇 년 사이에 시대에 맞지 않게 될 가능성도 있다. 그럴 때에도 항상 최선의 방법을 바로 그 자리에서 선택할 수 있다면 목표 달성은 가까이 다가올 것이다.

정말 중요한 것이 무엇인지 명확히 하라.

옳다고
생각한 일은
반드시 지켜라

'지키기'는 기업을 존속시키기 위해 절대적으로 필요한 것이다. 사업을 시작하고자 하는 사람은 대개의 경우 공격력이 뛰어난 사람이지만, 그 후에도 회사가 존속할지 어떨지는 지키는 힘에 달려 있다.

그렇다면 지키기란 무엇인가? 기업으로 말하자면 '돈'과 '정의'다. '돈'이라는 것은 자금 융통, 경리, 관리를 말한다. '정의'라는 것은 '옳은 일이 아니면 해서는 안 된다'는 것이다. 두 번째는 당연한 말이라고 생각될지 모르지만, 인생에서도 중요하다고 할 수 있다. 이것은 '법률을 지킨다, 위법인 일은 하지 않는다'라고 바꿔 말할 수도 있지만, 법률은 시대에 따라 다르고 나라에 따라서도 다르다. '법률만 지키면 된다'로는 안 되는 것이다.

에도시대 막부의 정무 담당이었던 다누마 오키쓰구田沼意次가 뇌물 정치를 한 것은 이미 알려진 이야기이다. 당시의 쇼군이었던 도쿠가와 요시무네德川吉宗는 근검절약으로 막부의 재정 지출을 줄이고자 했다. 하지만 이는 과세 대상인 농민들에게 검약을 강요해 세금을 착취하는 결과로 이어졌다. 이에 막부재정은 크게 개선되었지만, 다음 쇼군이었던 도쿠가와 이에시게德川家重 대에 이르러 농민들의 봉기로 파탄을 맞았다.

그때 오키쓰구는 화폐경제를 도입해 농민들에 대한 증세 노선의 문제를 해결하고자 했다. 즉 화폐 유통 속도를 조절해서 경제를 활성화하고, 상인들에게 과세함으로써 막부 재정을 탄탄하게 하려고 했으나 부정부패가 횡행하는 결과를 낳았다. 물론 당시에는 위법이 아니었지만, 역사 교과서에는 '뇌물 오키쓰구'라고 기록되고 말았다.

설령 대기업이 감독 관청으로부터 낙하산 인사를 받아들였다고 하더라도 지금은 법률상 위반은 아니지만 수십 년 후에는 어떨까. 100년 후 사람들의 삶에 좋은 영향을 줄 수 있다면 그 사람이 바로 위인이다. 현재의 지위나 명성, 돈 등은 보잘것없는 것이다. 먼훗날의 일보다 눈앞의 일을 말하는 사람은 평생 눈앞의 문제에서 벗어나지 못한다.

'옳은 일이 아니면 해서는 안 된다'는 의미는 동시대 사람이 보든, 후세의 사람이 보든 잘못됐다고 생각되는 것은 해서는 안 된다는 것이다. 그렇게 살아가야 한다. 이것이 '지키기'의 진정한 의미다.

옳은 것이 가장 강하다.

리더는
높은 뜻을
품어야 한다

뜻만 있으면 누구라도 리더가 될 자격이 있다. 재능이나 태생이 아니라 모두가 같은 기회를 가지고 있다.

1,000만 엔(약 1억 2,000만 원), 2,000만 엔(약 2억 4,000만 원)의 퇴직금 계산 같은 것은 하지 않아도 된다. '리더가 되어 100억 엔(약 1,200억 원) 가량 받을까' 하는 정도로 생각하면 딱 좋다.

그러나 그것은 돈을 목적으로 하라는 말이 아니다. 돈의 단위로 모든 걸 생각해서는 안 된다. 만일 돈을 생각하고 일을 할 거라면 그 정도 수준으로는 하겠다는 다짐이 중요하다는 것이다.

"소프트뱅크 그룹을 머지않아 800개 사로 만들겠다."

아직 그룹이 10개 사 정도였을 때 내가 그렇게 말하자 "800개 사라는 것은 어떤 근거에서 나온 숫자입니까?"라는 질문을 받았다. 아무런 근거 없이 그렇게 말했는데, 이후에 정말로 800개 사 정도가 되었다.

더욱이 은퇴할 무렵에는 5,000개 사 정도로 만든다는 공언도 했다. 이 역시 별로 근거는 없었지만, 그 정도로 만들고 싶다는 구상을 이야기한 것이다.

그렇게 되면 소프트뱅크 그룹의 경영진 수만도 최소 5,000명이다. CFO, CTO, 임원을 합치면 그 수는 더욱 늘어난다. 리더의 역할을 담당하는 사람이 그만큼 늘어나게 된다.

리더가 되면 단순히 '좋은 사람'이기만 할 수는 없다. 마음을 독하게 먹고 부하직원을 대하는 것도 필요하고, 때로는 미움을 받는 일도, 비판을 받는 일도 있다. 공격력, 수비력, 지식을 모두 갖추고 있어야 하지만, 그 모든 것을 합치더라도 '높은 뜻'을 가지고 있는 것이 더 중요하다. '왜 안 되는가'를 말하는 사람은 절대 리더가 되어서는 안 된다.

리더는 좋은 사람일 수만은 없다.

2장

내가
네 나이였을 때

손정의,
지금 너에게
가장 필요한 것은

젊은 시절에
꼭 해야 할
일이 있다

인생은 짧다. 젊을 때 해야 할 일을 하지 않으면 순식간에 시간은 지나가버리고 만다. 그리고 두 번 다시 돌이킬 수 없다.

나는 열여섯 살 때 고등학교를 중퇴하고 미국 유학을 결심했다. 마침 그때 아버지가 간에 병을 얻어 피를 토하고 입원하게 되었다. 가족의 장래 문제, 가계 문제, 집 문제 등이 온통 뒤엉켜 불행의 나락에 빠졌다. 그때 '혼자서 미국에 가겠다'라는 결심을 전하자 모든 가족과 친척들이 반대했다. "아버지가 병으로 쓰러져서 입원해 계신데, 어째서 너는 혼자 미국에 간다는 말을 할 수 있는 거냐? 냉정한 녀석이다"라는 말까지 들었다.

고등학교 교장선생님과 담임선생님, 같은 반 친구들도 왜 이런 상황에서, 아직 고등학교 1학년 2학기인데 학교를 그만두면서까지 유학을 가느냐고 말렸다.

그러나 료마가 후회하는 일 없이 도사번土佐藩을 탈번(脱藩, 에도 시대 무사가 소속된 번을 나와 낭인이 됨)해 일본을 바꾸어간 것처럼, 나는 결심을 번복하지 않고 미국 유학을 결정했다. 인생에서 할 수 있는 일은 한정되어 있다. 그렇기에 더더욱 후회 없이 내가 할 수 있는 최선을 다해 살지 않으면 안 된다.

> **인생은 짧기에 후회 없이 살아라.**

독창성을
단련하라

그 유명한 마츠시다 고노스케松下幸之助도 작은 발명으로 시작해서 회사를 일구었다. 나는 자금을 벌기 위해서 하루 한 가지를 발명하기로 정했다. 하루에 무엇이든 한 가지를 발명하고, 그중 하나를 선택해 1년여의 시간을 들여 꼼꼼하게 상품으로 개발을 해 나가자는 목표를 세웠다.

발명을 위한 발상법에는 세 가지 패턴밖에 없다. 첫째는 문제해결법이다. 세상에 문제가 있다고 생각한다면 그것을 해결하기 위한 방법을 발명한다. 새로운 모든 것에는 늘 문제점이 있다. 그것을 보완해서 잘 활용하는 사람, 모든 문제를 해결하면서 일을 이루는 사람만이 비로소 새로운 시대를 창조할 수 있다.

둘째는 수평사고법이다. 이것은 둥근 것을 네모나게 만든다, 하얀 것을 빨갛게 만든다, 큰 것을 작게 만든다 등 역발상을 하는 것이다. 거기서부터 새로운 발명이 탄생한다. 뇌는 자극을 받으면 받을수록 더욱 활성화되기 때문에 발상을 계속할수록 기발한 생각들이 계속 떠오른다.

셋째는 조합법이다. 예를 들어 라디오와 카세트를 조합하면 라디오카세트가 되고, 오르골과 시계를 조합하면 오르골이 붙은 자명종 시계가 된다.

이 세 가지 중에서 가장 체계적으로 할 수 있는 것은 조합법이다. 조합한 것을 나열하고 그것들을 임의로 선택해 거기에서 계속 새로운 것을 창조해간다.

우리는 자신이 익숙한 방식, 즉 습관대로 생각하는 버릇이 있다. 이를 테면 '학교' 하면 선생님, 학생, 책상, 의자, 칠판 등 학교와 연관된 것들을 떠올린다. 그것이 바로 고정관념을 만든다.

따라서 아무런 연관이 없을 것 같은 단어들을 연결하다보면 생각지도 못한 의외의 아이디어가 떠오를 수 있다. 내가 자주 사용하는 방법은 '낱말 카드놀이'다. 300개의 낱말로 카드를 만들고 그중 3장씩을 뽑아 새로운 합성어를 만들면, 거기서 아이디어를 얻을 때가 있다.

이런 방법으로 자기 나름대로 아이디어를 패턴화시켜, 그것을 깊이 파고들어가면 굉장히 쉽게 발명의 힌트를 계속 얻을 수 있다. 또한 이것은 창의력을 자극하기도 한다. 단, 그저 시간을 들이기만 하면 되는 것이 아니라, 효율적으로 발명해야만 한다.

여기서도 아이디어가 필요하다. 예를 들어, 나는 컴퓨터에 온갖 데이터를 입력하여 그것들을 무작위로 조합하는 방식을 취했다. 거기에서 이제까지 세상에 없었던 것을 생각해냈고, 최종적으로는 250개의 새로운 발명품이 탄생했다.

창조란 의미 있는 것을 조합하는 능력을 말한다.

지혜는
짜면 짤수록
나온다

내가 대학교 3학년, 열아홉 살 때의 일이다. 공부 외의 일에 하루 5분을 쓰기로 했다. 그때까지 나는 식사를 할 때도 반드시 교과서를 들고 있었다. 왼손에 교과서, 오른손에 젓가락이나 포크를 들고 접시도 보지 않고 식사를 했다. 식사를 할 때는 접시에 놓인 요리를 보면서 먹는 사람들이 대부분일 텐데, 나는 그렇게 하지 않았다.

식사를 할 때도 교과서를 뚫어져라 쳐다보면서 시야 끝에 희미하게 보이는 접시에 포크를 찔러 아무거나 짚이는 것을 먹곤 했다. 때때로 후추 덩어리 같은 것이 그대로 입에 들어온 적이 있을 정도였다. 그야말로 음식이 입으로 들어가는지 코로 들어가는지 모를 지경이었다. 그 정도로 긴장된 상태에서 공부를 했다.

그런 상황에서 하루 5분간, 공부가 아닌 다른 일에 내 시간을 내어준다는 것은 한마디로 사치였다. 나는 이 시간을 '하루 한 가지 무언가를 발명하는 일'에 썼다.

이 일을 1년간 지속하자, 지혜를 활성화시키는 데 도움이 됐다. 학교 공부는 지혜보다도 지식을 늘리는 데 중점이 있다. 특히 일본의 교육은 그러한 경향이 강한데, 미국의 교육조차도 주어진 문제를 푸는 과제가 태반이었다.

문제는 내는 시점에서 답이 이미 정해져 있다. 진정한 문제란 주어지는 것이 아니라 스스로 찾아내는 것이다. 세상 어디에 문제가 있고, 그것을 어떻게 해결하면 새로운 것이 생겨날까를 발견해내는 것이 중요하다. 그래서 5분이라는 한정된 시간에 이제까지 아무도 생각해내지 못한 것을 한 가지씩 발명해본다는 것은, 머리를 최대한 단련시키는 아주 좋은 훈련이었다.

물론 5분 동안 아이디어가 나오지 않을 때도 종종 있다. 그럴 때는 낙심하기도 하지만, 아이디어가 나왔을 때의 기쁨은 무엇과도 바꿀 수 없다. 새롭게 무언가를 발명하고 만든다는 것은 굉장히 즐겁게 에너지를 사용하는 일이라는 것을 잘 알 수 있다.

참 신기하게도 더 이상 나올 게 없다고 생각하는데도, 지혜라는 것은 짜면 짤수록 나왔다. 정 생각이 나지 않을 때는 하룻밤 푹 자는 것도 좋다. 자지 않고 계속 고민하는 것보다 훨씬 좋은 결과를 가져다준다.

하루아침에 무언가를 얻으려 하지 말고 꾸준히 하다보면 자신만의 무언가를 찾을 수 있다. 그것을 최소 1년간 지속하기만 해도 큰 자신감을 안겨줄 것이다. 무엇보다 끝까지 해내는 일, 그것이 성공으로 가는 지름길이라는 것을 꼭 이야기하고 싶다.

하루 5분씩 1년간만 에너지를 쏟아부어 보라.

열정이
사람을
부른다

　자신의 꿈을 실현시키기 위해서는 우수한 사람들과 협력해야
함을 빼놓을 수 없다. 그 사람들의 마음을 움직이는 것은 결코 돈
이 아니다.

　미국에서 하루 5분씩 발명에 시간을 할애해 1년간 250개의 발
명을 했다. 그중 하나가 세계 최초의 풀 키보드 포켓 컴퓨터가 되
었다. 마이크로컴퓨터를 사용한 세계 최초의 포켓 컴퓨터이며 지
금 말하는 아이폰의 전신과 같은 것이었다. 나는 발명품을 완성시
키기 위해 세계적으로 유명한 대학교수나 연구원에게 요청했다.
프로젝트를 실현하기 위해 이리 뛰고 저리 뛰었다. 일개 학생 신

분이었지만, 그 분야의 전문가인 교수를 아르바이트로 고용하고 임금을 지불하겠다는 생각을 한 것이다. 시급은 교수가 정하기로 했지만, 시작하는 시점에서 돈은 한 푼도 없었다.

우선 발명한 것을 설계도로 그리고 특허 신청을 내서 특허가 팔리면 시작기試作機를 완성시킨다. 그러고 나서 전액 지불하기로 했다. 잘 안 되면 한 푼도 못 받게 되는 것이다.

그러한 조건을 제시한 결과, 교수는 말도 안 되는 소리를 하는 학생이라며 호통을 쳤다. 말이 안 되는 것을 알고 있으면 힘을 빌려달라고 부탁했다. 결과적으로 교수의 승낙을 얻었고 프로젝트 팀이 발족되었다. 제일 처음 만든 발명품의 특허는 일본 샤프에 팔아 1년 반 만에 1억 7,000만 엔(약 20억 원) 정도를 벌었다. 또 한 가지, 컴퓨터 게임 프로젝트를 진행시켜 1억 5,000만 엔(약 18억 원)을 벌 수 있었다.

그 후, 일본에서 소프트뱅크를 만들었을 때도 일류 인재를 모으는 일에 고심했다. 그런 사람들은 결코 돈을 목적으로 오는 것이 아니다. 그렇기에 더더욱 자신의 꿈을 이야기하는 것이 중요하다. 미국의 프로젝트 팀에 참가한 사람들도 마찬가지였다. 사람의 마음을 움직이고 끌어들이기 위해서는 열정이 최대의 무기인 것이다.

무슨 일이든 처음에는 힘들기 마련이다. 하지만 그것을 견뎌

낼 수 있는 힘이 열정이다. 내 마음속에 열정이 있으면 상대에게도 반드시 전해진다. 이것이 바로 꿈이 가지고 있는 무서운 힘이다. 설령 꿈을 이루지 못해도 낙담할 필요는 없다. 그 꿈을 계속 추구하고 있는 동안은 꿈의 달성에 한 발짝 한 발짝 다가가고 있는 것이다.

자신의 꿈을 이야기할 수 있는 힘을 길러라.

비전을
똑바로
세워라

'디지털 정보혁명으로 사람들을 행복하게 만든다.'

이것이 소프트뱅크의 탄생 배경이다. 소프트뱅크는 후쿠오카福岡의 작은 마을인 잣쇼노쿠마雜餉隈에서 창립되었다. 자본금 1,000만 엔(약 1억 2,000만 원), 아르바이트 사원 2명으로 시작했다. 그 첫 조례에서 그들을 향해 1시간 정도 비전을 이야기했다.

"앞으로 소프트뱅크라는 회사에서 훌륭한 사업을 시작할 겁니다. 그건 바로 디지털 정보혁명입니다. 마이크로컴퓨터를 사용해서 컴퓨터의 힘으로 디지털 사회에 공헌하고 디지털 정보혁명을 일으킬 것입니다."

2명의 아르바이트 사원 앞에서 귤 상자(당시 귤 상자는 나무로 만든 상자였다)에 올라가 '30년 후의 우리 회사의 모습을 보라'는 내용으로 첫 연설을 했다.

"30년 후에는 두부 가게에서 두부를 세듯이 '일 조, 이 조'라고 숫자를 셀 것입니다. 사업가를 목표로 하고 있는 이상 1,000억, 5,000억은 대단한 것이 아닙니다. 1조, 2조라는 수 단위로 일을 하는 규모의 회사가 될 것입니다."(일본에서는 두부를 세는 단위가 돈의 단위 '조'와 발음이 같다 : 역자 주)

우선 다른 것은 다 제쳐두더라도 필요한 것이 비전이다.

'이 회사는 도대체 무엇을 하는 회사인가?'

'이 회사가 무엇을 위해 존재하고 어디를 향하고 있는가?'

'이 산업은 향후 어떻게 될 것인가?'

이러한 것은 교과서에서 아무리 답을 찾아내려고 해도 어디에도 씌어 있지 않다. 자신들과 경합하고 있는 기업도 그 답을 알고 있을 리가 없다. 매우 변화가 극심한 세상에 살고 있기 때문에 회사의 방향성을 정하는 일은 더욱 중요하다.

만약 비전이 잘못되어 있다면 잘못된 곳으로 배를 저어가게 된다. 때문에 아무리 애를 썼다고 해도 노력은 보상받지 못한다. 오히려 나쁜 결과를 초래할 가능성도 있다. 또 자신의 현재 위치, 즉 출발 지점을 알지 못한다면 골인 지점을 향해 똑바로 달리려던 것이 엉뚱한 방향으로 가게 되는 일도 생길 수 있다.

마찬가지로 '나의 인생은 무엇을 위해 있는가?', '현재 나는 그 목표에 대해서 어느 위치에 있는가'를 아는 것이 중요하다. 그렇기 때문에 회사든 인생이든 우선 비전을 통찰해야 한다.

목적지와 현재 위치를 명확히 하라.

겸손한 태도로
상대방에게
배워라

　나는 30대 때 '주식상장, 그리고 미국 진출'에 승부를 걸었다. 당시 상장한 뒤 소프트뱅크의 시가총액은 바로 2,000억 엔(약 2조 4,000억 원)을 넘었다. 먼저 미국의 세계 최대 컴퓨터 전시회인 컴덱스를 주시하고 자금을 썼다. 그리고 세계 최대의 전시회를 인수했다.

　나아가 세계 최대 컴퓨터 업계 전문출판사인 지프데이비스라는 회사도 동시에 인수하기로 결정했다. 최종적인 인수금액으로 컴덱스 800억 엔(약 9,600억 원), 지프데이비스 2,300억 엔(약 2조 7,600억 원), 합계 3,100억 엔(약 3조 7,200억 원)을 쓰게 되었다.

정상에 선 사람뿐만 아니라 모든 비즈니스맨에게는 항상 겸손이 요구된다. 소프트뱅크가 인수한 기업은 모두 성공한 일류 기업이다. 설령 인수한 입장이라고 해도 상대방에게서 배우겠다는 자세가 있어야 한다. 상대방을 존중하고 그의 장점이나 생각을 흡수하려고 노력함으로써 자기 자신의 성장으로 이어지는 것이다.

그러나 그것은 무조건 상대방과 한데 어울려 '친한 사이'가 되어야 한다는 뜻은 아니다. 항상 옳다고 생각하는 것을 주장하고, 잘못된 것에 대해서는 자신의 방법을 관철시키는 강인함도 필요하다.

'겸손함'과 '자신을 굽히지 않는 강인함'을 양립시켜라.

생각을
구체적인 전략으로
실현시켜라

아무리 우수한 비전과 전략을 가지고 훌륭한 정보를 수집하고 있어도 말로만 하는 것은 의미가 없다. 비전을 실현하려면 다양한 제도, 앞을 가로막는 현실 등 싸울 수밖에 없는 상황을 반드시 만나게 된다.

스스로 싸워 일을 이루어낼 수 있다는 자신감, 이루겠다고 하는 각오가 없는 한 고매한 이론은 무책임하고 허황된 이야기에 불과하다. 말뿐이라면 아무나 할 수 있다. 그러나 뭐가 됐든 싸우기만 하면 되는 것은 아니다. 비전이나 이념을 실현시키기 위한 싸움에는 반드시 전략, 전술이 필요하다.

사카모토 료마는 막부 타도를 위해 싸웠다. 다카스기 신사쿠高杉晉作도 기병대를 조직하고, 싸워 일을 도모하려고 했다. 현대의 경영자도 마찬가지다. 도요타의 창업자나 마쓰시다 고노스케松下幸之助, 혼다 슈이치로本田宗一郎, 헨리 포드, 록펠러, 빌 게이츠, 스티브 잡스는 모두 싸워 경쟁사를 제쳤고, 끝까지 싸움에서 살아남아 자신의 비전을 실현시켰다.

단기적으로 보면, 여러 가지 우여곡절은 있다. 료마가 탈번했을 때도 주변 사람들에게는 폐를 끼쳤다. 가족과 번藩에도 적지 않은 영향을 미쳤다.

10년 후, 20년 후, 100년 후, 300년 후, 전 세계 사람들을 행복하게 만든다. 그 길에 어떤 사연이 있을지는 아무도 모른다. 그러나 끝까지 싸워내고 살아남아 일을 이룰 수 있게 되면, 그때 사람들이 고마워할 것이다. 그렇게 될 수만 있다면 그것도 좋지 않을까?

필요한 것은 전략, 전술, 이기기 위한 준비다.

자기만의
방식이 있어야
싸움에서 이길 수 있다

브로드밴드 사업에 뛰어들었을 때, 소프트뱅크는 기존의 인터 넷 회선 요금에서 80퍼센트 할인된 가격을 내놓았다. 당시 NTT 가 내놓았던 요금 체계의 5분의 1이었고, 미국, 유럽 중국과 비교 해도 세계에서 가장 쌌다. 속도는 NTT의 4배, 미국, 유럽, 중국 의 10배다. 즉 세계 제일의 속도인 것이다.

그런 브로드밴드를 제공한다고 발표한 날, 하룻밤 사이에 신청 이 100만 건을 돌파했다. 이것은 바로 100만 명의 사람들을 돕는 것과 다름없었다.

예상 외의 신청자 수에 기자재가 부족한 데다 회선 공사도 원활하게 진행되지 않아 결과적으로는 고객을 반년 이상이나 기다리게 했다.

브로드밴드를 연결하기 위해서는 NTT 사내에 있는 회선을 연결해야만 했다. 그 회선을 연결하기 위해서는 절차상 시간이 걸리고 그 때문에 공사가 예정보다 늦어져 소프트뱅크는 고객과의 약속을 지킬 수 없는 상황에 빠졌다. 그것은 공정하지 못했다.

NTT나 관리부처인 총무성에 몇 번 항의를 했지만 상황은 좀처럼 바뀌지 않았다. 그래서 총무성에 직접 찾아가 담당 과장에게 "NTT 측에 전달해주었으면 하는 것이 있다"며 협상했다. 만약 그 요구가 받아들여지지 않는다면 고객에게 약속을 지킬 수 없게 된 것을 사죄하고, 총무성 임원의 눈앞에서 등유를 뒤집어쓰고 스스로 불을 붙일 각오였다. 내가 전달하고 싶은 것은 딱 한 가지였다.

"NTT에게 돈이 필요하다, 부당하게 권리가 필요하다는 등의 요구는 절대로 하지 않겠다. 무조건 페어플레이해주기 바란다."

그 결과 총무성이 움직였고, 절차는 원활하게 이루어지게 되어 NTT라는 커다란 산을 움직일 수 있었다.

자신이 싸우는 방법이 정당하다면 사회의 부조리, 불공평한 장벽과 싸워 승리를 거둘 수 있다. 싸우는 상대가 힘이 세다고 두려워해서는 안 된다. 정의 앞에 등을 보이는 자신의 모습을 두려워

해야 한다. 나 혼자라도 세상을 바꾸기 위해 싸우겠다는 강한 의지를 가지면 웬만한 어려움은 작은 것이 된다.

아무리 큰 어려움이라도 '별것 아냐, 분명 방법이 있을 거야!'라고 생각하면, 신기하게도 묘안이 떠오르곤 한다. 불평불만과 푸념으로는 아무것도 해결되지 않는다. 그것은 말하면 말할수록 나 자신을 초라하게 만들 뿐이다.

공정함에 연연하라.

오기를
부리지 마라

비록 내가 전사할 각오가 되어 있다고 해도 여러 가지 계산을 해야만 한다. 여러 가지 전략, 전술도 세워야 한다. 기술적인 준비도 해야 한다. 당연한 말이지만, 그저 전사한다고 되는 것이 아니다. 이길 수 있는 자세를 만들 필요가 있다. 경영자라면 몸을 버릴 각오를 하는 동시에 회사가 무너지지 않게 할 방법도 써야 한다.

직원들에게 "같이 전사할 각오로 일하자"라고 말하더라도 직원들의 생활은 책임져야 한다. 그러기 위해서는 '철퇴의 중요함'을 이해하고 있는지 어떤지에 따라 명암이 갈린다. '이거 큰일 났다' 하는 때가 왔을 때, 그 큰일이 도를 넘기 전에 재빨리 의사결정을 할 수 있어야 한다.

전국시대戰国時代 가이甲斐에 다케다 가쓰요리武田勝賴라는 무장이 있었다. 다케다 신겐武田信玄의 아들이다. 가쓰요리는 나가시노의 전투에서 천하에 이름 높은 다케다의 기마군단을 오다 노부나가織田信長, 도쿠가와 이에야스德川家康의 연합군에게 돌진하게 하여 전멸시켰다. 이것은 최악의 리더십이다. 만약 자신이 가쓰요리고 기마군단이 30퍼센트나 당했다면, 그 자리에서 창피고 뭐고 생각할 것 없이 재빠르게 도망가야 한다. 그러나 가쓰요리는 오기를 부리고 말았다.

카드 게임을 할 때, 좋지 않은 패가 계속 나오는데도 조금 더 기다리면 기회가 올 거라며 무리해서 계속하는 사람이 있다. 그러나 그것은 완전히 잘못된 것이다.

과거는 확률과 전혀 관계가 없다. 정확한 수치적인 근거가 아닌, '조금만 더 참으면 상황이 좋아질 것이다'라는 확률을 믿는 사람은 사업을 하지 않는 편이 낫다. 이런 사람이 리더가 되면 회사를 무너뜨린다.

리더는 오기를 부려서는 안 된다.

시작과 끝의
타이밍을
잡아내라

싸움에서 가장 중요한 것은 승부를 시작하는 타이밍이다. 그리고 시작하는 타이밍만큼 중요한 것은 여차했을 때 퇴각하는 타이밍이다.

비슷한 승률로 싸움을 시작하는 것은 생각이 없는 자들이 하는 짓이다. 승률은 반드시 70퍼센트 이상이어야 한다. 90퍼센트의 승률로는 이미 경쟁사에 뒤처졌을 것이다.

절대 해서는 안 될 일은 오기를 부리며 계속 싸우는 것이다. 회사조직으로 말하면 전체적인 수익이나 기업가치의 30퍼센트가 넘는 손실이 날 것 같으면 반드시 철수해야 한다.

인생에서 앞으로 계속해서 도전을 해나갈 때 잊지 말았으면 하는 것이 있다. '철수할 때는 승부에 임할 때보다 10배의 용기가 더 필요하다'는 것이다.

　'내가 오기를 부리고 있다. 선택한 길이 잘못됐다'라는 생각이 들면 한번 철수했다가 다시 새롭게 도전하는 것도 가능하다. 이것이 최종적으로 비전을 실현하고 계속 싸우기 위한 비결이 아닐까.

실패를 인정할 수 있는가.

크게 성공한
모습을 그리며
자신감을 키워라

　모든 일을 시작할 때 우선 성공한 다음의 이미지를 먼저 머리에 떠올리고 '좋아, 성공했어!'라고 기뻐해보자. 나는 '소프트뱅크 신新 30년 비전'을 발표했을 때도 가장 먼저 '30년 후의 미래는 어떻게 되어 있을까'라고 상상하는 것에서 시작했다. 30년 후의 거리 풍경, 사무실, 자택 거실에서 최신 디바이스를 갖고 있는 나의 모습, '이런 멋진 미래가 왔다!'라고 혼자서 기뻐한다.

　가장 먼저 기뻐하는 것의 장점은 그 기쁨이 스스로를 자극해서 움직이게 하는 엔진이 되어, 이후의 난관을 걱정하지 않게 된다는 것이다. 가장 먼저 나 자신이 성공의 기쁨을 맛보았기 때문에 그 후 아무리 고생을 하더라도 그 기쁨을 위해서 참을 수 있다.

이것이 만약 '지금 할 수 있는 것부터 시작하자'였다면 그곳에 도달하기 전에 포기했을지도 모른다.

즉 맨 처음에는 우뇌를 사용하여 마음껏 성공 이미지를 붙잡지만, 그 다음 단계에서는 그 이미지를 실현하기 위한 구체안을 좌뇌에서 번역해간다. '이런 미래를 실현하기 위해서 어떻게 하면 좋을까?'라고 말이다.

그때부터는 완전히 이론의 세계로 들어간다. 예를 들어 보다폰을 인수했을 때는 가까운 미래에 아이폰과 같은 뛰어난 기능을 가진 단말기가 분명 출시될 것이라고 확신했다. 그 단말기를 소프트뱅크 모바일이 판매하여 일본 제일의 휴대전화 사업 회사가 된다는 기쁨에 젖되, 한쪽에서는 '그러기 위해서 보다폰을 인수한다'는 전략을 면밀하게 세웠다.

이 순서가 중요하다. 맨 처음에는 비록 근거가 부족해도 좋으니 우선은 자신이 크게 성공하는 이미지를 그려보자. 노력은 그 다음에 해도 된다.

상상할 수 있는 것은 반드시 실현할 수 있다.

3장

양복을 입은
전사가 되어라

손정의,
지금 너에게
가장 필요한 것은

세상을
바꾸어보겠다는
높은 뜻을 품어라

책 한 권과의 만남이 그 사람의 인생을 결정할 때가 있다. 소년 시절 내가 읽었던 책은 헤르만 헤세의 《수레바퀴 아래서》와 같은 조금 어두운 내용의 책이었다. 그때 가정교사가 좀 더 남성적인 책을 읽어보라고 권해주었는데, 그것이 바로 시바 료타로가 쓴 《료마가 간다》였다.

앞에서도 얘기했지만, 나는 처음 이 책을 읽고 사카모토 료마의 삶의 방식을 보면서 '무언가 큰일을 하고 많은 사람들을 돕고 싶다, 나 자신이나 가족의 사리사욕 등을 위한 것이 아니라 많은 사람을 위해서 인생을 불태우고 싶다'는 생각이 마구 솟구쳤다.

료마와 마주하고 있으면 작은 일로 끙끙거리며 고민하는 나 자신이 한심하게 느껴졌다. 나 한 사람의 목숨 따위는 별 게 아니다, 설령 죽음과 맞닥뜨리더라도 지금을 즐겁고 재미있게 살면 되지 않을까라는 생각이 들면서 점점 기운이 솟았다.

실제로 료마는 걸출한 사업가였다. 물론, 여기서 말하는 사업가는 단순히 돈을 버는 것이 목적인 상인이었다는 의미가 아니다. 아무도 따라가지 못할 정도의 새로운 사업을 창조하여 세상에 공헌한 사업가인 것이다. 물론 사업가이기 때문에 이익을 얻지만, 그 이익으로 다음에는 더 크고 새로운 사업을 만들어내는 그런 사업가이다.

료마는 가메야마샤추亀山社中라는 상사를 만들었는데, 이것은 현재의 주식회사처럼 출자금을 모아 설립되었다. 각 번에서 모은 군자금으로 외국 무기를 구입하고, 나아가 이 무기를 각 번에 팔아 막부를 무너뜨리고 신정부를 만들려고 했다. 그리고 신정부 하에서 회사를 확장시켜 세계를 대상으로 사업을 전개하려 했다.

료마는 메이지의 신시대를 맞이하기 전에 33세라는 젊은 나이에 암살당했기 때문에 사업은 도중에 좌절될 수밖에 없었다. 그러나 그만큼 료마는 역사상의 위인처럼 구름 위의 존재라는 느낌이 들지 않는다.

물론 위대한 인물이기는 하지만 굉장히 친근감을 불러일으킨다.

료마처럼 온몸이 갈기갈기 찢겨질 정도로 열심히 해보고 싶다는 생각이 강렬하게 싹텄다. 금전욕 같은 게 아니라 100만 명, 1,000만 명을 위해 공헌하고 싶었다.

정말로 많은 사람들에게 '저 사람이 있어서 다행이다'라는 생각이 들게 하는 일을 해보고 싶었다. 료마의 일대기는 '뜻이란 무엇인가'를 생각하게 해준 계기였다. 그의 생애는 짧았지만, 300년 동안 이어졌던 도쿠가와 시대의 패러다임을 송두리째 바꾸어놓았다.

남자는 그저 똑똑하기만 해서는 안 된다. 우직할 정도로 매사를 하나하나 파고들지 않으면 큰 사람이 될 수 없고, 일을 이뤄낼 수 없다는 것을 나는 《료마가 간다》를 통해서 배웠다. 료마를 본받아 현대 세계에서 새로운 사업을 일으키고, 지금 시대에 혁명을 일으켜야 한다는 신념을 얻었다.

'무엇을 이루고 싶은가'라는 것까지는 확실히 보이지 않는다고 하더라도, 한 권의 책을 손에 쥠으로써 '뜻'에 대한 생각이 싹트는 경우가 있다. 단 한 번뿐인 인생, 료마처럼 통쾌하게 살아가는 것을 목표로 삼고 싶다.

단 한 권의 책이 인생을 송두리째 바꿔놓는 경우가 있다.

오를 산을
정하는 순간
경쟁력이 생긴다

자신이 오르고 싶은 산을 정하지 않고 걷는다는 것은, 인생을 방황하는 것과 같다. 아무리 열심히 걸었다고 해도 친구도, 라이벌도 마찬가지로 열심히 살고 있을 테니 아무 차이가 없다. 그러나 실제로는 열심히 살고 있기만 할 뿐 오르고 싶은 산을 정하지 않은 사람, 가슴속 깊이 완전하게 정하지 못한 사람이 99퍼센트다. 그 결과, 별 생각 없이 인생을 보내고 있다. 그러고는 "이런 게 아니었어"라고 말한다.

여기에 99퍼센트의 사람과 1퍼센트의 사람을 나누는 기회가 숨어 있다. '나의 인생은 무엇인가, 나는 무엇을 이루고 싶은가'라는 그 한 가지를 정하는 순간부터 경쟁자들과 큰 차이가 벌어지게 된다. 가장 첫 번째 한 걸음을 좌우하는 '목표로 삼아야 할 산', 이 것을 정해야 한다.

오를 산이 정해지면 길은 자연히 보인다. 설령 산을 오르다 넘 어져서 내 몸에 상처가 패이더라도 몇 번이고 오르고, 오르고, 또 올라야 한다. 그것이 힘들어 포기하면 자신의 인생에 등을 돌리 는 것과 같다.

진정으로 고난을 극복할 수 있는 사람은 적다. 그것을 극복하 면 비로소 새롭게 보이는 경치가 있다. 그러니 열심히, 근성을 가 지고 도망치지 말고 덤벼라.

근성을 가지고 도망치지 말고 덤벼라.

일류 인재란
자기만의 목표가
있는 사람이다

우리 사회에는 아직 훌륭한 인재나 회사, 조직이 있다. 우리가 또다시 여명을 맞이하려면 특히 젊은이들이 어떤 어려움이 닥쳐도 끝까지 참고 극복해내겠다는 굳은 각오를 가져야 한다. 자신의 뜻을 반드시 이루겠다는 결심이 없으면 어려움을 이겨낼 수 없다.

중요한 것은, 어떤 일을 이루고 싶다고 생각하는지, 어떤 뜻을 가지고 있는지가 아닐까. 즉 자신의 꿈이나 비전, 뜻을 말하는 것이다.

예를 들어, 일류 인재는 결코 돈을 목적으로 소프트뱅크에 찾아오지 않는다. 일주일 정도 일을 하고 나서 보수에 대해 이야기를 하면, 대개는 회사 측에서 정해주는 금액이면 된다고 대답한다.

이런 일류 인재들의 상당수는 보수를 노리고 회사를 고른다기보다 이 회사를 정말로 성공시키고 싶다는 큰 꿈을 가지고 있다. 꿈이나 비전, 뜻에 공명共鳴하고 있기 때문에 더욱 새로운 회사를 고르는 것이다.

무엇을 목적으로 하고 있는가.

지금에
만족하는 순간
성장은 멈춘다

휴대전화 사업에 뛰어들었을 때, 은행에서 2조 엔(약 24조 원)의 대출을 받아 변제를 우선으로 하며 사업을 해나가고 있었다. 그런데, 트위터를 시작하면서 나에게 고객들의 생생한 목소리가 전해졌다. 그때 가장 많이 들었던 이야기가 '전파가 터지지 않으면 아무런 의미가 없다'는 것이었다.

이런 소리를 들으니 정신이 번쩍 들었다. 어느새 마음이 살짝 해이해진 것을 깊이 반성했다.

무엇을 위해 소프트뱅크를 일으켰던 것인가. 무엇을 위한 인생인가. 디지털 정보혁명을 목표로 삼고 있다고 해도 전파가 터지지 않아 고객의 만족에 공헌하지 못한다면 아무런 의미가 없다.

그렇게 생각하니 전파가 터지지 않는 것에 대해 더 이상 변명할 수 없었다. 그래서 '소프트뱅크 전파 개혁 선언'을 발표했다.

다시 한 번 굳게 결심하고 도전하기로 했다.

전파가 완전히 터지지 않는 상황은 우리와 경합하는 타사에서도 마찬가지였다. "여기선 안 터진다, 저기서도 안 터진다." 모두 아우성이었다.

그것은 영원한 숙제이기는 하지만, 적어도 소프트뱅크가 할 수 있는 일은 무엇일까를 고민했다. 그것은 은행에 대출금을 변제한다는, 한 번 결정한 지침을 바꾸지 않으면서 기지국을 늘리는 것이었다.

휴대전화는 무선으로 연결되어 있다. 전화끼리 직접 선으로 연결되어 있는 것이 아니다.

전화를 발신하면 반드시 전파를 수신하는 기지국으로 간다. 그리고 전파를 수신하는 기지국에서 교환기로 가서, 거기에서 다시 상대가 있는 장소에서 가장 가까이에 있는 기지국으로 전파를 중계한다.

휴대전화에서 휴대전화로 원활하게 연결되기 위해서는 전파를 수신하는 기지국이 필요한 것이다.

'98퍼센트 전파가 터지고 있으니까 이 정도면 괜찮겠지'라고 생각할 수도 있다. 그러나 고객에게 성의를 보이는 측면에서 생각하면 비즈니스에 있어서 '이 정도면 됐다' 하고 만족해서는 안 된다. 그 순간 성장이 멈춘다.

무슨 일이든 스스로 한계를 정해서는 안 된다.

자신이 할 수 있는 일을 끊임없이 생각하라.

꼭 해야 하는 일은
철저히 하라

경영상 채산이 맞지 않아도 고객을 위해서 하지 않으면 안 될 때가 있다. 회사의 임원들이 맹렬히 반대하더라도 관철시켜야만 하는 결정이 있다.

소프트뱅크의 경우에는 '전파를 개선한다'는 것이었다. '단기간 에 공사를 하는 것은 무모하다', '그럴 만한 돈이 없다'라는 반대 의견은 얼마든지 들 수 있다. 그러나 목숨을 건 이상 한 번 약속한 것은 결코 번복해서는 안 된다.

수치로 이야기하자면, 보다폰을 인수하여 소프트뱅크의 이름 으로 휴대전화 사업을 시작하고 나서 3년 반 들여 만든 기지국을 다시 한 번 배로 늘린다. 자택권내율 98퍼센트를 99퍼센트로 만든다는 것이었다. 이 1퍼센트를 늘리기 위해서 기지국을 배로 늘린 것이다.

집 한 채에 전파를 터지게 하기 위해서 자칫 잘못하면 몇 백만 엔이나 들기도 한다. 고작 한두 명의 고객을 추가로 확보하기 위해서 몇 백만 엔이나 들여서 기지국을 만든다는 것은 보통 경영자의 판단으로는 불가능하다.

계산만으로 말하자면 무모한 결정이라고밖에 할 수 없지만, 이럴 때 경영상의 채산만을 중시해서는 안 된다. 전파 상태가 나쁘다는 소리를 들으면, 변명하지 말고 굳은 결심으로 성의를 보이고, 할 수 있는 일은 최선을 다해서 하는 것, 그것이 고객에게 할 수 있는 유일한 일이며 '일한다'는 것이 아닐까.

굳게 결심한 것을 행동으로 보여라.

안 되는
이유를
찾지 말라

'소프트뱅크 전파 개선 선언'을 발표한 후 사내에서 경영회의, 임원회의가 기탄없이 진행됐다. '목숨을 걸고 전파를 현저하게 개선시킨다'라고 고객과 약속했다. 돈이 없으니까, 시간이 부족하니까, 유리한 회선을 받지 못해서 하고 변명하자면 얼마든지 할 수 있다. 그러나 안 되는 이유를 찾기보다는 되는 방법을 생각하는 편이 낫다.

그래서 우선은 전파 개선 선언으로 기지국 배증 계획 시나리오를 들었다. 그러나 그래도 전파가 터지지 않는 집이 1퍼센트 나왔다. 그럴 때는 자택 전용 소형기지국(펨트)을 무상으로 제공했다.

이것은 브로드밴드 경유로 휴대전화에 연결되기 때문에 브로드밴드 회선이 필요했다. 그렇다면 그 브로드밴드 회선도 공짜로 제공했다. 안 된다는 변명을 전혀 하지 않겠다는 것이었다. 게다가 "가게에서 터지지 않는다", "회사에서 터지지 않는다"라고 말하는 고객이 있으면, 가게나 회사에도 펨트를 나누어주고 그것을 위한 회선도 공짜로 제공했다.

거기에 "연결이 더 빨랐으면 좋겠다", "속도가 중요하다"라고 하는 법인 고객에게는 와이파이 라우터를 역시 공짜로 대여해줬다. 이것은 무선랜의 액세스 포인트를 내장한 기기로, 브로드밴드 회선이 있으면 어느 장소에서라도 무선으로 인터넷을 이용할 수 있었다. 우리가 할 수 있는 것은 다 한다는 자세를 보였다.

이렇게까지 해도 전파가 터지는 율이 100퍼센트가 되지 않지만, 보일 수 있는 만큼의 성의를 보이고 가슴속 깊이 품고 있는 생각을 전달해야 한다. 이러한 생각만이 사람의 마음을 움직이고 신뢰를 얻으며 팬을 늘리는 일로 이어지는 것이 아닐까.

고객이 요구하고 있는 것은 무엇인가.

압도적인 차로
1등이 되어야 한다

자신이 '이 분야다'라고 생각했을 때는 꼭 1등이 되겠다고 결정하고 철저하게 끝까지 해내는 것이 중요하다. '승리에 연연한다, 1등에 연연한다, 압도적인 1등에 연연한다'. 이러한 자세가 있느냐 없느냐가 인생의 분기점이 된다. 2, 3등 더 심한 경우 4, 5등을 오가면서도 일을 이루어낼 수 있을 정도로 세상은 만만하지 않다.

소프트뱅크가 보다폰 재팬을 인수했을 때, 그들은 한 번도 1등을 해본 적이 없었다. 항상 3등에 익숙해져서 회사 전체에 포기하는 분위기가 감돌고 있었다. 지는 습관이 붙었던 것이다.

뜻을 높게 가지고, 유지하고, 완수한다. 지는 습관이 붙으면 그런 기개가 일어나지 않는다. '2등이니 충분하다, 항상 3등이니까 안심이다'라고 생각하게 된다. 그럴수록 더욱 매월 순증(서비스 가입자 수의 순수 증가분) 1등을 따내는 데 최선을 다했다.

1등을 한 번 체험하면 마음이 달라진다. 1등을 계속 경험하게 되면, 그 이외의 순위는 받아들일 수가 없어 자연스럽게 자신을 몰아붙인다. 그것이 이기는 습관이 붙은 사람인 것이다.

2등까지 올라가면 '이제 조금 남았다. 꼭 1등이 되겠다'고 각오하고, 근성을 가지고 끝까지 해낸다. 2등이 됐다고 스스로를 칭찬해서는 높은 뜻을 가질 수 없다. 2등은 패배라고 생각하고 더욱 높은 곳을 바라보아야 한다.

1등이 되면, 거기서 여유가 생겨 고객에 대해서도 여유를 가지고 대할 수 있다. 그리고 보다 새로운 기술 개발에 도전할 수 있고 보다 책임감 있는 사업을 전개할 수 있다. 진정한 책임감과 높은 뜻을 갖고 싶다면, 결코 2등에 만족해서는 안 된다.

2등에게 미래는 있는가.

'세계 속의 나'라는
시점을 가져라

　그러면, 디지털 정보혁명 시대에 어떻게 하면 1등이 될 수 있을까. 키워드는 아시아다. 2011년 중국의 GDP가 일본을 제치고 세계 2위가 되었다. 일단 중국이 일본을 제쳤으니 그 기세를 몰아 필시 미국을 제치는 지점까지 가게 될 것이다. 즉 중국이 세계 최대의 GDP 국가가 되리라는 것이다.

　또, 인터넷 시장 점유율도 약 10년 전에는 미국이 50퍼센트였고, 아시아는 19퍼센트였다. 그랬던 것이 지금은 아시아가 50퍼센트이고, 미국은 12퍼센트가 되었다. 즉 아시아를 제압하는 자가 인터넷을 제압하는 시대가 반드시 온다.

게임 소프트웨어 시장도 모두 인터넷 상으로 이행해갈 것이다. 온라인 게임 시장도 SNS(소셜 네트워크 서비스) 시장도 급성장하고 있다. 여기에서도 중국은 일본을 확실하게 제치고 있다. 그런 아시아에서 소프트뱅크도 차근차근 조치를 취하고 있다.

아시아를 제압하는 자가 세계를 제압한다. 이것은 경영자뿐 아니라 모든 비즈니스맨 한 사람 한 사람이 가져야만 하는 시점이다. '나라면 앞으로의 비즈니스를 어디서 어떻게 전개할 것인가', '경쟁자에게 이기기 위해서 어떤 전략을 세울 것인가'. 철저한 당사자 의식을 가지고 자기 일이라고 생각하는 자세가 중요하다.

대국관大局觀과 자기 일이라고 생각하는 자세를 가져라.

한번 정한 목표는
끊임없이 도전하라

　나는 초등학생 때 네 가지의 꿈이 있었다. 그것은 '초등학교 선생님', '사업가', '가난한 화가', '정치가'였다. 그중 사업가의 길을 선택했지만, 2011년에 '소프트뱅크 아카데미아'를 설립하고 그곳의 초대 교장이 됨으로써 '선생님이 되고 싶다'는 꿈도 이루었다. 돈이나 명예를 후세에 남기기보다 '사람'을 기르고, 사람들 안에 뜻을 심어주고 싶다는 생각이 밑거름이 된 것이다.

　아카데미아가 무엇을 하는 곳인가 알려면 그 기원을 살펴보아야 한다. 아카데미아의 기원은 기원전 387년, 플라톤이 창설한 학교 '아카데메이아'인데, 여기서 플라톤은 철학을 가르쳤다. 그 아카데메이아의 입구에 써 있었던 말은 '기하학을 모르는 자, 이 문을 들어오지 말라'였다.

이 아카데메이아를 다시 한 번 부활시켜 '소프트뱅크 아카데미아'로 더욱 진화시킨 것이었다. 21세기의 플라톤 아카데미로서 경영자도장을 지향한다.

소프트뱅크의 본업은 마이크로칩 제조도, 소프트웨어 판매도 아니다. 바로 정보혁명을 추진하는 것이다. 그런 만큼 나는 새로운 시대에는 '웹Web형 조직'이 맞다고 생각한다. 이 조직은 구성체들이 자율, 분산, 협조의 원칙에 따라 서로 맞물려서 움직인다. 각 구성체들은 적재적소에서 자기 역할을 다하며 어떤 특정 브랜드, 기술, 사업 모델에 얽매이지 않고 다른 조직과 연계해나가기도 한다. 그러한 구상의 핵심에 소프트뱅크 아카데미아가 있는 것이다.

그 문에는 다음과 같이 쓰려고 한다.

"'디지털 정보혁명'을 꿈꾸지 않는 자,

그 뜻을 품지 않는 자,

이 문을 들어오지 말라."

창업자에게도 은퇴할 때가 찾아온다. 그때, 기업은 창업자의 사상이나 이념을 어떻게 계승하여 답습해가야 될까. 나 자신이 직접

교단에 서서 다음 시대를 짊어질 경영진을 키우는 것이 목표다. 그렇기 때문에 릴레이로 말하자면 바통터치에 해당하는 '승계' 시가 실은 가장 위험하고 가장 어려운 지점이다. 그런 만큼 소프트뱅크 내부 직원뿐만 아니라 외부에서도 다음 경영진을 찾는 공개모집 방식을 채택한 것이다.

소프트뱅크는 이제까지 기업인수 등 다양한 도전을 계속하여 기업으로서 수치 목표도 달성해왔다. 그러나 그중에서도 가장 어려운 도전이 기다리고 있다.

몇 살이 되더라도 꿈을 이룰 수 있다. 그리고 몇 살이 되더라도 도전은 계속된다.

인생을 릴레이 경주로 생각하라.

하찮은 일로
인생을
낭비하지 마라

이 책을 통해서 단 한 가지 기억해 두었으면 하는 것이 있다. '뜻을 높이'라는 말이다.

인생은 한 번밖에 없다. 여러분 한 사람, 한 사람이 오르고 싶은 산을 앞으로 1년 동안 정했으면 한다. 자신의 인생을 무엇에 걸고 싶은지 마음속에 정하는 것이다.

인간은 돈만 있다고 행복하게 살 수 있는 존재가 아니다. 기대를 받고 '당신이 도움이 되고 있다'라고 주변 사람들의 존경을 받으며 업무 능력을 인정받을 때 더욱 의욕이 생긴다. 같은 월급이라도 '열심히 해야지'라고 생각하는 사람과 그렇지 않은 사람의 차이는 여기에 있다. 아침에 일어나는 것도 즐거워서 견딜 수가 없는 그런 마음을 가져야 한다.

뜻은 가장 크게, 그리고 가능한 한 빨리 품을 것, 몇 년 뒤에 품어도 된다고 생각하고 있을 때가 아니다. 너무 늦어져서 남겨진 인생의 햇수가 적으면 실현할 수 있는 가능성이 그만큼 줄어든다.

뜻을 빨리 품은 사람은 강하다. 시간을 최대한 효율적으로 사용할 수 있다. 한 번밖에 없는 인생을 낭비하지 말고 소중하게 여겼으면 좋겠다.

오늘은 인생에서 가장 멋진 날이 될 것이다. 매일 아침 그러한 생각을 한다면 자신이 바라는 일이 더욱 소중해질 것이다.

> 그날 하루에 얼마나 충실했나는
> 목표를 어떻게 세웠느냐에 달려 있다.

4장

절대 지지 않는
승부사가 되어라

손정의,
지금 너에게
가장 필요한 것은

일이 아니라
뜻을 추구하려는
열정을 찾아라

일본은 지금 커다란 전환점에 놓여 있다. 2011년 3월 11일에 발생한 동일본 대지진은 매우 충격적인 대재해였다. 재해나 사고는 그것을 극복하면 또 새로운 역사가 시작된다. 그러나 지금 일본의 기본적인 체력은 급격히 떨어져 있다. 20년 전, 일본의 국제경쟁력은 세계 1위였다. 그렇지만 지금은 27위까지 떨어졌다. 또한 저출산 고령화 사회에 따른 인구 감소, 국가의 차입금 증대 등 지금 우리 사회는 20년 전과는 많이 달라졌다.

그러나 최근 20년간 달라지지 않은 것도 있다. 그것은 '학생들의 구직 인기 기업 톱 10'이다. 10개 사 중 8개 사는 20년 전이나 지금이나 같다. 여러분은 평소에 가까이 정하고 있는 서비스나 제품을 제공하는 기업에 친숙함을 느낄지도 모른다.

그러나 여러분에게 '취직'이라는 것은 향후 50년간의 인생을 좌우하는 중요한 갈림길이다. 세상사는 30년, 50년 단위로 생각할 필요가 있다. 일본의 상황은 20년 동안 확 바뀌었다.

앞으로 20년, 50년 후에는 더욱 달라질 것이다. 앞으로의 시대는 성장하는 산업, 사람들의 생활을 눈에 띄게 발전시킬 산업이 세상을 이끌어가게 될 것이다. 나는 그것이 '정보혁명'이라고 생각한다.

나는 10대 무렵, 어떤 사업을 시작할지 결정했다. 그것이 현재의 소프트뱅크 그룹이다. 내가 어떤 사업을 시작할지 결정할 때 중요하게 생각한 것은 단순히 당시 붐을 이루거나 흥미를 가지던 것이 아니었다. 적어도 '50년간 질리지 않고 설레면서 일할 수 있을 것'이었다.

나에게 그것은 '늘 새로운 것을 생각하고, 세상을 혁신적으로 바꾸는 것'이었다. 취직 활동이란 단어는 일할 직종을 찾는 활동을 뜻하지만, '일仕事'의 차원을 넘어 '일志事'을 찾는 것이었으면 한다. 어떠한 뜻에 인생을 걸지, 이 지표를 인생의 갈림길에서 중요한 기준으로 삼을 것을 권장한다.

'뜻志'은 '꿈夢'과 아주 닮은 단어이지만, 뜻이란 개인적인 바람을 도모하는 것을 뛰어넘는 장대한 목표라고 생각한다. '세상을 바꾸고, 사람들을 행복하게 해주고 싶다. 모두의 꿈을 이루는 데 도움을 주고 싶다', 나는 그런 뜻을 품고 인생을 보내고 있다. 비록 현재가 재투성이라도 높은 뜻을 계속 좇다보면, 언젠가는 환하게 웃는 얼굴을 꼭 마주하게 될 것이라고 믿는다.

뜻이란 개인적인 바람을 이루는 것을 넘은 장대한 목표이다.

곤경에
처했을수록
멀리 보라

현재 소프트뱅크는 창업 30년으로 영업이익이 5,000억 엔(약 6조 원)을 돌파했다. 소프트뱅크보다 영업이익이 큰 회사는 모두 창업 50년에서 200년 된 회사다. 상위 15개 사 중에서 살펴보면, 가장 젊은 회사가 소프트뱅크다. 가장 젊다는 것은 신장률도 가장 높다는 뜻이다.

창업 후 지금까지 30년간은 파란만장의 연속이었다. 신규사업에 뛰어들었을 때는 순식간에 누적적자 3,000억 엔(약 3조 6,000억 원)을 낸 적도 있다. 그러나 부채도 순조롭게 변제를 해나가고 있다.

10대, 20대, 30대에 각각 한 번씩, 그리고 40대에 두 번, 모두

다섯 번 승부의 시기가 있었다. 그리고 나의 50대의 목표는 비즈니스 모델을 완성하는 것이다.

최근 30년간 사람들의 라이프스타일이 극적으로 변화한 것처럼, 향후 30년 동안의 인간 생활은 계속해서 변화할 것이다. 그렇다고 '30년 후의 테크놀로지는 어디까지 나아갈 것인가', '사람들의 라이프스타일은 어떻게 변화할 것인가'라고 생각해도 답은 나오지 않는다. 사람에 따라서 견해도, 사고방식도 다르기 때문이다. 그처럼 향후 전망을 모를 때일수록 더 멀리 바라봐야 한다.

배로 항해할 때 멀리 내다보면 경치가 더 선명하게 보이지만, 가까운 곳을 보고 있으면 뱃멀미를 한다. 30년 후를 모른다면, 300년 후의 세계를 생각해보자. 그때 소프트뱅크라는 회사는 어떠한 역할을 담당하고 싶은가. 멀리 보고 잘 생각하면 가까운 곳을 볼 때 보였던 결점은 오차에 불과했다는 것을 알 수 있다.

예를 들어 3년 후, 5년 후의 인생을 생각하며 헤매고 있다면 20년 후, 30년 후, 40년 후에 어떠한 인생을 보내고 싶은지 생각해보자. 자신이 정말 원하는 것, 이루고 싶은 것이 분명 보일 것이다.

30년 후의 모습을 향해 지금 해야 할 일을 결정하라.

때로는
철저하게 끝까지
고민하라

많은 사람들이 대학을 졸업하고 '앞으로 내 인생을 어떻게 할까' 하고 고민한다. 또 사회인으로서 일을 시작해도 '내 인생은 이대로 괜찮은 걸까?', '이대로 쭉 이 회사에서 일해야 할까?' 하며 고민은 끝이 없다.

어떤 일을 할까 하는 것은 인생의 테마다. 이러한 인생의 테마는 안이하게 정할 수 없는 것이다. 왜 끝까지 고민하는 것이 중요하냐 하면 한번 정한 직업, 일은 그리 간단하게 바꿀 수가 없기 때문이다.

도중에 중심축이 흔들리게 되면 하나의 일을 깊이 연구한다고 할 때 효율이 매우 떨어지게 된다. 그렇기에 어디에 에너지를 쏟을 것인가를 철저하게 생각하는 것이 중요하다.

우연히 맞닥뜨린 벽이나 그때의 환경 등에서 영향을 받아 스스로가 갈 길을 정해서는 안 된다.

'자신의 인생에서 무엇을 이룰 것인가?'

이것을 정하는 것이 얼마나 중요한지를 말해주는 문장이 있다.

'오르고 싶은 산을 정한다. 이것으로 인생의 절반이 정해진다.'

대신 자신의 일을 어떻게 할까를 철저하게 끝까지 고민해야 한다. 한 번밖에 없는 인생을 쓸데없이 보낼 수는 없지 않은가. 여러분 자신에게 그것을 묻고, 묻고 또 물어야 한다.

그때그때의 상황에 좌우되어서는 안 된다.

세계 1등을
목표로 하라

　사업가로서 일생을 걸 만한 일이란 무엇인가. 사람들이 하고 있지 않은 새로운 일, 많은 사람들에게 도움이 될 수 있는 일, 1등이 될 수 있는 일, 돈을 벌 수 있는 일, 내가 계속해서 호기심을 가질 수 있는 일, 끊임없이 의욕을 가질 수 있는 일······.

　미국에서 대학을 졸업하고 일본에 돌아온 뒤 나는 큰일을 하고 싶다, 회사를 시작하고 싶다고 생각했다. 손에 닿는 대로 해서는 어떤 일이든 오래 지속할 수 없다. 기왕 할 거면 나 스스로 정말로 받아들일 수 있고, 평생 추구할 만한 가치가 있는 일을 해야만 한다.

나는 40개 정도의 새로운 사업을 생각하고, 그중에서 어떤 사업을 할지 1년 반 동안 고민하고 또 고민했다. 사업을 선택하는 결정적 근거 중 하나는, 나 자신이 최소 50년간 질리지 않고 그 일에 깊은 관심과 식지 않는 열정을 계속 가질 수 있는가 하는 것이다.

또 한 가지는 그 일이 시대의 흐름에 맞는지 아닌지이다. 직접 공을 들여 아무리 열심히 사업을 하더라도 그 분야 자체가 성장에 한계가 있다면 그걸로 끝이다. 손을 댄 사업 분야가 차차 번창해서 점점 성장해갈 것 같으면 자신의 실력 이상으로 시대의 흐름이 회사를 끌어올려줄 것이다. 그렇기에 사업의 장을 선택하는 단계에서 회사의 운명은 절반 정도는 정해져버린다.

마지막 한 가지는 그 분야에서 최소한 한 나라에서 제일이 될 수 있는 사업인가, 세계 제일이 될 수 있는가 하는 거다. 물론 확실하게 이익을 낼 수 있고 적은 자본금으로 시작할 수 있으며, 가능하다면 세상에 아직 없는 새로운 사업일 것. 더 나아가 그것이 세상에 도움이 되고 사회에 공헌할 수 있는가도 중요하다.

자기 나름대로 선택지를 좁혀보고 '이거다'라고 정하면, 앞으로 아무리 괴로운 일이 기다리고 있더라도 정신적인 망설임은 없어진다. 슛을 쏘지 않고 점수를 얻을 수는 없다. 우리 인생도 마찬가지다. 자신이 도전할 수 있는 테마를 찾으면 사람은 활기가 생긴다. 그 활기로 거침없이 일을 추구해나가야 한다.

또 어떤 사업을 선택했다 하더라도 그 밑바탕에는 각각의 뜻이 있어야 한다.

'무언가 큰일을 하여 몇 백만, 몇 천만 명의 사람들에게 도움이 되고 싶다. 보다 많은 사람들이 행복해질 수 있고 일의 생산성이 오르며 병에 걸린 사람을 도울 수 있는 그런 일을 하고 싶다. 만약 그때에 내가 가지고 있는 기술, 지식, 열정이 도움이 되면 좋겠다. 앞으로의 시대는 정보혁명이다. 디지털 정보혁명, 이것이 가야 할 길이다.'

소프트뱅크의 설립 밑바탕에는 바로 이러한 뜻이 담겨져 있었다.

평생 추구할 만한 일인지 세 가지 포인트로 확인하라.

시대를
쫓아가서는
안 된다

이렇게 소프트뱅크는 시작되었고, 컴퓨터 소프트웨어 판매 분야에서 시대의 순풍을 맞으며 단숨에 성장했다. 그 여세를 몰아 미국 진출을 이루었고, 야후에 출자하게 되었다. 일본법인 야후주식회사도 설립했다. 그리고 2001년 브로드밴드 서비스 야후BB 제공을 개시했다. 야후BB는 일본 브로드밴드가 세계 최저 가격이면서도 빠른 속도를 자랑할 수 있게 했다. 그러나 만일 소프트뱅크가 결사의 각오로 NTT에 도전하지 않았다면, 이것은 100퍼센트 실현되지 못했을 것이다.

그리고 다음은 PC 시대에서 휴대전화 시대가 확실히 다가올 것이라고 생각했다. 그러나 그 시대에 혁명적인 휴대전화를 만드는 것은 당시의 일본 혹은 해외의 휴대전화기기 제조사로는 안 된다고 생각했다. 왜냐하면 기존의 휴대전화에는 PC와 같은 본격적인 OS가 들어 있지 않았기 때문이다.

머지않아 본격적인 모바일 인터넷 시대가 올 것이다. 그때 그 시대에 맞는 기기를 만들 사람은 세계에서 '이 남자'밖에 없을 것이라고 생각했다. 이렇게 해서 당시의 미국 애플 사 CEO, 고故 스티브 잡스와의 만남이 이루어졌다. 그때의 애플은 아직 아이폰의 시작기조차 개발하지 못했을 때였다.

나는 고故 스티브 잡스에게 "아이팟과 휴대전화를 만족시킬 수 있는 것을 만들어달라, 그곳에 당신의 장점인 OS를 넣어 인터넷 환경이 쾌적해질 수 있도록 만들어달라"라고 제안했다. 그러자 그는 미소를 띠며 "마사, 더 이상 말하지 않아도 무슨 말인지 알아요. 지금은 보여줄 수 없지만 극비에 개발을 이미 시작했습니다"라고 대답했다.

그리고 장래 소프트뱅크가 이동통신 사업을 시작한다면, 일본에서 판매권을 줄 것을 약속했다. 우리는 그날이 빨리 오기를 기대하며 서로의 꿈을 나누었다. 그리고 2006년 소프트뱅크는 보다폰 일본 법인을 매수해, 2008년에 아이폰 3G를 일본 국내에서 독점 개발하기에 이르렀다. 소프트뱅크와 애플과의 관계는 아이폰의 발표 전부터 시작되었던 것이다.

그는 갔지만 나는 그가 '예술과 기술을 양립시킨 현대의 천재' 라고 생각한다. 수백 년 후의 사람들은 분명 그를 레오나르도 다 빈치에 견줄 만큼 칭송할 것이다.

시대를 쫓아가서는 안 된다. 다음 시대에 무엇이 올지 먼저 읽고 준비하며, 시대가 쫓아오기를 기다리는 것이 필요하다. 소프트 뱅크의 이동통신 사업은 휴대전화 회사를 운영하고 싶다는 목적이 아니라 모바일 인터넷을 제공하기 위한 것이었다. 전 세계 사람들이 인터넷을 통해 정보를 서로 나눈다. 이것이야말로 '정보혁명'의 중심이라고 생각한다.

다음 시대에 무엇이 올지 먼저 읽고 시대가 쫓아오기를 기다려라.

세상이 재미없다면
스스로 재미있게
만들어라

막부 말의 지사, 다카스기 신사쿠高杉晋作가 한 말 중에 "재미있는 일 하나 없는 세상을 재미있게"라는 것이 있다. 역시 자기 자신이 '재미없다'고 생각한다면 이 세상만큼 따분한 것도 없다.

그러나 '내가 재미있는 세상으로 만들어갈 것이다!'라고 생각하면 그렇게 살아갈 수 있다. 실제로 내가 직접 움직인 결과 일본의 인터넷은 세계에서 가장 싸졌고, 세계에서 가장 빠른 속도를 낼 수 있게 되었다.

'세상이 나쁘다.'

'정치가가 나쁘다.'

'경기가 나쁘다.'

이런 변명이나 불평만 하고 있어서는 전혀 앞으로 나아갈 수 없다. 자신의 그릇을 작게 만들기만 할 뿐, 세상은 하나도 좋아지지 않는다. 그럴 시간에 내 한 목숨이라도 좋으니 목숨을 내던질 각오로 일에 임한다면 파문은 반드시 일어나기 시작할 것이다.

불만이 있다면 그것을 타개할 사례를 자기 혼자라도 만들어보자. 그것이 해결의 실마리가 될지도 모를 일이다.

보통 사람들은 현실을 보지만 개척자들은 미래의 현실을 본다.

자신의 그릇을 스스로 작게 만들지 마라.

문제점을
기회라고
파악하라

소프트뱅크가 보다폰을 인수했을 때는 번호 포터빌리티(전화번호를 바꾸지 않고 서비스회사를 바꿀 수 있는 제도)가 시작될 때였다. 원래 3등이었던 보다폰이 소프트뱅크에 인수되어 업적은 더 악화될 것이며 각축장이 될 것이라고들 했다.

그런데도 기가 꺾이지 않았던 것은 왜일까. 보다폰을 인수했을 때 왜 항상 3등에 만족하고 있었는지 문제점을 밝혀낸 결과, 네 가지 점에서 개선해야 할 내용이 있었다.

1. 단말기가 촌스럽다.

2. 네트워크 연결이 잘 안 된다.

3. 영업과의 블랜딩이 약하다.

4. 콘텐츠가 없다.

그러나 반대로 말하면 이 네 가지밖에 없는 것이었다. 이 네 가지 문제점만 해결하면 궤도에 올려놓을 수 있었다.

다양한 방법을 써서 1등까지 올라갈 수 있다. 문제가 명확하면 그 다음은 개선만 하면 된다. 그것이 승기勝機를 불러올 것이다.

네 가지 문제점을 보고 이길 수 없는 이유라고 생각할 것인지, '문제는 이 네 가지밖에 없다'고 보고 기회라고 파악할 것인지가 큰 분기점이 된다.

올라갈 기회가 보이는가.

위기에
정면으로
맞서라

안타깝지만 아무리 세심히 주의를 기울여도 실패, 사건, 사고는 일어나고 만다. 사장의 잘못된 판단, 사원의 실수, 상품의 결함, 정보 누설 등 원인은 다양하다. 스스로 초래한 것이든 부지불식간에 일어난 일이든 위기는 어떤 기업에도 찾아온다. 이제까지의 인생을 돌아보면 누구나 마찬가지로 위기나 뛰어넘어야 할 국면에 맞닥뜨린 적이 있을 것이다.

그럴 때 변명을 하고 싶기도 하고 내던져버리고 싶을지도 모르겠다. 그러나 결코 여기서 내던져서는 안 된다.

소프트뱅크의 경우에는 고객이나 주주, 사원 등 버팀목이 돼주는 모든 사람들의 '믿음'에 보답하는 마음이 중요하다. 예를 들어, 상품에 결함이 있다고 확실하게 밝혀진 경우에 어떻게 할 것인가. 방치해 두면 사용자에게 위험이 미칠 만한 결함이 발견되었을 때 원인을 찾는 것도 상황을 파악하는 것도 중요하지만, 한시라도 빨리 리콜하고 철저하게 정보를 공개해야 한다. '무언가를 숨기고 있다'고 생각하게 되면 끝이다.

그 결과 바늘방석에 앉게 되고, 사면초가의 괴로운 국면을 맞이하게 되더라도 뜻을 관철시키기 위해서는 스스로 책임감을 가지고 도망가지도, 숨지도 않는 태도를 보이는 것이 중요하다.

인터넷 거품이 꺼진 후, 1년 안에 주식 가치가 100분의 1로 떨어졌다. 그러자 인터넷 사업에 종사하고 있다는 것만으로 세상으로부터 범죄자 취급을 받았다. 어떤 잡지를 펼쳐보아도 인터넷 기업은 사기꾼 집단이 되어 자금도 동이 나는 힘든 상황이었다.

그런데도 '디지털 정보혁명으로 사람들을 행복하게 만든다'는 비전을 바꾸지 않고 인터넷 사업에 더욱 매진했다.

사바나에서 사자 등의 맹수와 맞닥뜨리면 등을 보이고 도망쳐서는 안 된다는 이야기가 있다. 아무리 무섭더라도 등을 보이는 순간, 그 사람의 목숨은 없는 것이다. 그럼 어떻게 해야 할까. 정면에서 미동조차 하지 않고 사자의 두 눈을 노려보아야 한다.

위기를 만나더라도 마찬가지다. 도망가고 싶은 마음은 모두 마찬가지지만, 그래서는 아무것도 바뀌지 않는다. 등을 보이고 책상 밑에 숨는 것은 어떠한 해결책도 되지 않는다. 도망치면 끝이다.

도망치지 않으려면 용기가 필요하다. 주변으로부터 이런저런 얘기를 듣고 망신창이가 되는 경우도 있다. 조금이라도 '도망갈까'라는 생각이 드는 사람은 사업가로서, 리더로서는 맞지 않는다. 도망쳐도 좋을 때는 다음 전투에서 반드시 승리할 강한 의지와 자신이 있을 때뿐이다.

주가가 100분의 1로 떨어졌을 때 주주총회에서는 처음에는 비난의 폭풍이 일었다. 그러나 어느 여성 한 명이 다음과 같이 말했다.

"나는 남편이 남겨준 퇴직금인 1,000만 엔(약 1억 2,000만 원) 전부로 소프트뱅크의 주식을 샀습니다. 그것은 소프트뱅크의 꿈과 뜻을 믿었기 때문이에요. 그랬는데 주가가 1,000만 엔(약 1억 2,000만 원)에서 10만 엔(약 120만 원)이 되고 말았어요. 그러나 후회는 없어요. 이야기를 듣고 꿈에 걸기를 잘했다고 진심으로 생각했어요. 믿고 있으니 열심히 해주길 바랍니다."

이렇게 말해준 여성의 모습이 지금도 떠오른다. 위기에 빠졌을 때일수록 믿어주는 사람을 저버리지 말고 보답하겠다는 마음을 가지고 정면으로 부딪혀야 한다. 어려운 문제에서 도망쳐서는 안 된다. 그것이 벽이 되면 자신의 인생에 등을 지는 것과 같다. 상처 없는 인생은 없다. 시련을 극복하고 나면 그 상처가 더욱 소중하게 여겨질 것이다.

위기일 때야말로 사람의 신뢰를 얻을 수 있다.

혼자로는
한계가 있다

전체를 통합해서 이끌고 가는 리더의 역할은 물론 중요하다. 그러나 예를 들어 《삼국지》라면 관우, 장비, 조운, 공명 등의 우수한 '장군'이 유비의 버팀목이 되고 있다. 한 사람 한 사람이 리더의 그릇을 가진 인물이다.

어떤 전투를 할 때든지 돕고, 지탱해주는 동료가 없다면 절대로 큰 성공을 거둘 수 없다. 자기 자신의 그릇을 크게 성장시키는 것이 중요한 것과 마찬가지로 겉모습에 개의치 않고 함께 싸워주는, 같은 목표를 향해 걸어가주는, 생각이 통하는 동료가 있다는 것은 매우 중요하다.

나 혼자서는 아무것도 할 수 없다. 뜻을 공유할 수 있는 동료를 몇 명 만들 수 있는가?

뜻을 공유할 수 있는 친구, 동료와 이야기를 주고받는 것은 위험한 정글에서 친구들에게 둘러싸여 있는 것과 같은 기쁨을 선사한다. 뜻이 있으면 친구가 친구를 부른다. 뜻을 품고 동료들과 함께 오늘도 한걸음 나아가라.

뜻을 품고 오늘도 한걸음 앞으로 나아가라.

5장

꿈꾸지 않는 자,
행복을 바라지 마라

손정의,
지금 너에게
가장 필요한 것은

전략안을
가져라

사카모토 료마는 도사번土佐藩에서 나올 것을 결심했지만 가족들에게 폐를 끼치게 될지도 모른다며 좀처럼 결단을 내리지 못하고 있었다. 그러나 부모와도 같은 료마를 키워준 누나 오토메가 이렇게 말했다.

"료마, 다녀오렴. 너는 도사에 있을 남자가 아니야. 더 큰일을 할 사람이야. 큰일을 이루기 위해서라면 우리는 신경 쓰지 않아도 된다."

오토메는 그를 보냈다. 그 후 료마는 오토메의 말대로 시대를 크게 움직였다. 가메야마샤추(亀山社中, 나중에 해원대)를 만들고 나가사키와 중국 상해를 오가며 장사를 했다. 사이가 나빴던 사쓰마번(薩摩藩: 지금의 가고시마현 서부 지방)과 초슈번(長州藩: 지금의 야마구치현 서북부 지방)에게 대의를 위해서라며 손을 잡게 하고 막부 타도의 흐름을 만들었다. 교토로 가는 배 안에서 도사번의 고토 쇼지로後藤象二郞에게 8개조 신국가구상을 나타냈다는 '선중팔책船中八策'으로 차세대 사회를 그리고, 대정봉환(大政奉還: 1867년 11월에 에도막부의 15대 쇼군 도쿠가와 요시노부德川慶喜가 정권을 천황에게 반환한 일)을 실현시켰다.

이렇게 료마에게는 역사의 큰 흐름을 파악하는 판단력과 대국관大局觀이 있었고, 눈앞의 이익을 버리고 큰일을 추진하는 사명감이 있었다. 전략적인 사업가에게 없어서는 안 될 것을 전부 갖추고 있었던 것이다.

또 한 사람, 료마와 같은 전략안戰略眼을 갖추고 있었던 인물로서 전국시대의 무장 오다 노부나가小田信長를 들 수 있다. 노부나가는 '인생 50년'이라고 깨달아 젊은 시절에 천하통일까지의 전략을 세웠다.

노부나가는 창을 가장 잘 사용했다든지, 총을 뛰어나게 잘 다뤘다든지 하는 그런 전술적인 차원에서 특별하게 우수했던 것이 아니다. 노부나가에게 총은 천하를 차지하기 위한 도구에 불과했다. 총을 많이 모으는 것이 목표가 아니라, 어디까지나 목표는 천하를 차지하는 것이었다. 노부나가가 뛰어났던 점은 지휘관으로서의 능력, 전략을 세우는 리더로서의 능력을 갖고 있었던 것이다. 그런 면에서 출중한 능력을 발휘할 수 있었기에 천하를 차지하는 큰 성과를 올릴 수 있었던 것이다.

요즘 시대에는 그런 전략적인 의미에서 세상을 개혁할 수 있는 사업가를 좀처럼 찾아볼 수 없게 되었다. 요즘 시대에 필요한 것이 전략적 패러다임의 전환이라고 한다면, 사카모토 료마나 오다 노부나가의 전략안을 갖는 것이야말로 중요한 일이 아닐까.

역사로부터 세상의 흐름을 피악하는 힘을 배워라.

시대를 개척할
사고방식을
가져라

보물을 찾으러 무인도에 간다고 해보자. 무엇이 가장 필요하다고 생각하는가?

예를 들어, '이제부터 인터넷 시대가 온다'라고 생각했을 때 필요한 것은 새로운 시대를 개척해나갈 보물이 어디에 있는지를 보여줄 '지도'와 '컴퍼스'다.

보물을 찾으러 가는 데 가장 중요한 것은 음식도 총도 아니다. 지도와 컴퍼스만 있으면 순식간에 보물을 발견하고 바로 돌아올 수 있다. 그렇다면 식량도 그다지 필요하지 않다. 약과 무기 역시 마찬가지다.

소프트뱅크의 경우 이 지도와 컴퍼스에 해당하는 것이 컴퓨터 관련 세계 최대의 전시회인 컴덱스와 컴퓨터 관련 세계 최대의 출판사인 지프데이비스였다. 다른 사람들이 아무리 미쳤다고 해도, 회사 규모로 보아 큰 도박이 된다고 해도 둘 다 인수했다. 이것은 시대를 앞서가기 위해서 필요한 사고방식이었다.

자신만의 '지도'와 '컴퍼스'를 생각하라.

불행하다고
말하지 마라

어떤 일에도 어려움은 따른다. 일류 스포츠선수라도 부상을 당하는 일이 있다. 그러나 그들에게는 그것을 극복할 수 있는 기력과 저력, 강한 의지가 있다.

'인생게임'에서도 화재나 도난 등, 몇 번에 한 번은 불운한 카드를 뽑는 경우가 있는 것처럼 행운과 불행은 모두 공평하게 찾아온다.

그래서 나는 실제 인생에서도 불행한 때에 '나는 세상에서 가장 불행하다', '사실은 실력이 있는데'라는 등의 변명을 하는 것을 가장 싫어한다.

일본 최대 인프라 회사인 NTT에 소프트뱅크가 도전한 적이 있다. 더욱이 당시에는 인터넷 거품이 꺼져서 많은 자산을 잃었을 때였다.

그때까지 일본의 인터넷 속도는 선진국 중에서 가장 느렸고 요금은 세계에서 가장 비쌌다. 인터넷 사업에 종사하고 있는 사람으로서 부끄러운 상황이었으며, 일본의 인터넷 업계 전체를 위해 모든 인터넷 사용자를 위해 개선해야만 한다고 생각했다.

당시 NTT의 메탈 회선을 사용하지 않으면 인터넷 서비스는 99.9퍼센트 실현되지 않았다. 이대로는 일본이 세계의 흐름에서 뒤처지게 될 거라고 확신했다. 물론 소프트뱅크를 닫을 수는 없지만, 그건 그렇다 치더라도 무엇을 위해서 탄생했는가, 무엇을 위해서 뜻을 세운 것인가라는 질문을 다시 던져보았다.

그 답은 '디지털 정보혁명을 일으킨다'는 것이었다. 이 혁명을 위해서 인생을 바치고 있는 이상, 아무리 곤란한 상황에 처해 있더라도 물러설 수는 없다. 이 세상에서 가장 비싸고 느리다는 인터넷을 세계에서 가장 싸고 빠르게 만든다. 소프트뱅크는 브로드밴드 사업에 착수하기로 결심하고 돌진했다. 압도적으로 불리한 입장이었지만 해야 할 일을 끝까지 해야 한다.

용기는 처음부터 가지고 있는 것이 아니라 무언가를 간절히 지키고 싶다는 책임감에서 나온다. 용기를 가지고 행동하다보면 비로소 길이 열리기도 한다.

높은 뜻, 그것을 절대 포기해서는 안 된다. 그 길이 아무리 험난하고 설령 초근목피로 연명하며 흙탕물을 마신다고 해도.

잘 안 될 때야말로 액셀을 밟아라.

적을
내 편으로
만들어라

누군가가 연못에 큰 바위를 던져 넣으면 물의 파문이 크게 퍼진다. 그것을 적이 되받아치면 또 파문이 일어난다.

NTT라는 가장 큰 회사에 도전했지만 벽에 부딪히고 큰 타격을 입어 소프트뱅크라는 회사가 없어졌다고 하자. 그렇더라도 우리가 던진 바위로 인해 큰 파문이 일어나고 반대측 회사에서 '가격경쟁이다', '스피드경쟁이다'라는 말이 나온다면 그걸로도 충분히 의미가 있다.

'저렇게 큰 회사가 이로 인해 깨어나는 계기가 될 수 있다면 같이 싸워보자! 라이벌이긴 하지만 마음 깊은 곳에서는 동지다.'

NTT도 통신환경을 좋게 만들고 싶다는 측면에서는 소프트뱅크와 뜻을 같이하고 있는 것이다. 그러니까, '적도 내 편이 된다'고 할 수 있다.

최악의 상황에 소프트뱅크가 무너진다 하더라도 그 결과, 일본 브로드밴드에 여명이 밝아온다면 그것은 그 나름대로 목적은 달성된 것이다. 일본의 인터넷 사용자 입장에서 보면 결과적으로 던져넣은 돌이라도 상관없다. 새로운 시대가 오면 그걸로 충분하다.

막부 말기의 존황양이(尊皇攘夷, 천황의 권위를 절대화하고 개국을 강요하는 외적을 물리치자는 생각. 에도시대 말기의 쇄국주의적인 정치사상으로, 결국 막부 타도 운동으로 발전되었다) 혁명의 지사 상당수는 일을 이루는 과정에서 칼에 찔려 죽었다. 요시다 쇼인吉田松陰은 처형을 당하고 구사카 겐즈이久坂玄瑞는 전사했다. 검술가인 다케치 한페이타武市半平太도 할복했다.

그러나 그들의 죽음은 무의미한 것이 아니었고, 그 결과 유신은 일어났다.

자신의 몸이나 생명은 세상에 알려지지 못하고 허무하게 사라진다고 하더라도 유신이라는 목표가 달성되었다면, 그것은 그걸로 훌륭하게 일을 이루어낸 것이다.

막부 말기의 지사, 사이고 다카모리西郷隆盛는 다음과 같은 말을 남겼다.

"이름도 필요 없고, 목숨도 필요 없고, 관위(지위)도 돈도 필요 없는 사람일수록 세상이 감당하기 버겁다."

명예도, 목숨도, 지위도, 돈도 필요 없는 사람이 가장 상대하기 까다롭다. 완전히 패배시키려고 해도 패배시킬 수가 없기 때문이다. 그런 까다로운 사람이 아니면 큰일은 이룰 수 없다.

혁명이란 그런 것이다. 목숨도, 돈도, 명예도 필요 없다. 그 정도의 각오가 없으면 일은 이뤄낼 수 없다. 오늘의 현실을 이유로 내일의 개혁을 주저해서는 안 된다.

상대하기 까다로운 사람이 되어라.

혁명을 일으킬
기회는 아직
남았다

소프트뱅크가 내건 '디지털 정보혁명'이란 대체 무엇인가.

18세기 후반에 산업혁명이 일어났다. 그때 농경사회에서 공업사회가 되었다. 제1차 산업혁명 때에는 영국을 중심으로 경공업 분야가 발달했다.

제2차 산업혁명은 중공업 분야로, 이것은 미국을 중심으로 발달했다. 그리고 현대는 제2차 산업혁명 말기라고 할 수 있다. 우리가 최근 몇 년 빛을 잃어버린 것은 제2차 산업혁명 말기에 들어 우리의 존재 의의가 흐려졌기 때문이다. 즉 미국을 중심으로 중공업이 발달하고 일본이 그 뒤를 좇아가던 구조가 바뀌어, 더욱 임금이 싸고 보다 재료가 싼 중국, 인도로 그 중심이 전부 옮겨가고 있다. 그래서 우리의 경쟁력이 없어지고 말았다.

향후 50년 안에 우리가 제조업 분야의 공업생산국가로서 다시금 경쟁력을 되찾고 세계 1, 2위를 다투는 시대가 또 올 것인가. 빛나는 일본의 일렉트로닉스산업, 제조업산업, 자동차산업 분야에서 다시 한 번 황금 시대를 맞이할 수 있을 것인가.

'불가능하다'고 단언할 수 있다. 일부 빛을 발하는 회사는 분명 있겠지만, 우리 사회 전체가 다시 한 번 경쟁력을 되찾을 가능성은 거의 없다. 큰 잣대로 보면 임금은 싸고, 국내 시장의 볼륨이 거대하며 더욱이 자원까지 싸게 손에 넣을 수 있는 중국이나 인도 등과 어떻게 경쟁할 수 있겠는가. 적어도 지금 이 상태로는 불가능하다.

그러나 다시 한 번 우리가 그 빛을 되찾을 수 있는 기회가 있다. 그 기회는 바로 'IT혁명'이다. 'IT혁명'이란 농업혁명, 산업혁명의 뒤를 잇는 제3차 혁명이며, 모든 생산물이나 오락, 사회생활에 지대한 영향을 미칠 수 있는 대혁명이다.

좀 더 말하자면, 메이지 유신明治維新보다도 모터리제이션motorization(자동차의 대중화 현상) 혁명보다도 큰 의미가 있는 것 같다. 인류 생활 전체와 관련된다는 의미에서 인류 역사상 가장 큰 혁명이라고 할 수 있다.

그러한 대혁명 앞에 놓여 있다는 것은 실로 행복하고 통쾌한 일이 아닌가. 일본이 부활할 수 있는 유일한 방법은 일본 경제에 근육을 붙이는 것도, 인구 수를 늘리는 것도 아니다. 그것은 바로 머리로 승부하는 것이다. 머리가 터지도록 생각하는 것이다. 인터넷 모바일 세계에 그 기회가 남겨져 있다.

산업혁명도 제1차 혁명은 영국에서 일어나고 제2차 혁명은 미국으로 옮겨갔다. 마찬가지로 제1차 IT 혁명은 미국에서 일어났지만 제2차 혁명은 아시아를 중심으로 일어날 수도 있다.

'PC 중심에서 모바일 중심으로'라는, 새로운 스타트 라인에 다시 설 수 있는 기회가 왔다. 이 두 가지 측면에서 기회가 찾아올 것이라 생각한다.

아시아를 제압하는 자가 세계를 제압한다. 모바일을 제압하는 자가 인터넷을 제압한다. 이 마지막 스타트 라인에서 다시 새롭게 맞붙을 기회가 있다. 이것이 우리를 다시 세울 최후의 기회다.

머리가 터질 정도로 생각하라.

내일을 읽고
오늘 일하라

'휴대전화'가 음성 중심에서 '모바일 인터넷'으로 옮겨가는 시대가 되었다. 왜 모바일 인터넷인가?

최근 10년간 모바일 인터넷, 휴대전화 통신의 속도는 750배가 되었다. 휴대전화에 들어 있는 CPU의 연산 처리 속도가 500배가 되었다. 굉장한 기세로 성장했으며 여전히 진화하고 있다.

산업혁명 말기에 있는 대표적인 분야인 자동차와 비교해보자. 최근 10년간 자동차의 엔진 속도는 몇 배가 되었는가. 1.1배다. 고작 0.1밖에 늘지 않았다. 즉 완전한 성숙산업이라는 얘기다. 성숙된 산업은 임금이 싼 나라, 자원이 싼 나라, 게다가 국내 사용자,

소비자를 많이 보유하고 있는 나라로 그 수요가 이동된다.

그래서 그렇게 번성했던 미국의 3대 자동차 회사가 전부 어려워졌다. 아주 최근까지 도요타가 세계 자동차 산업에서 최대 이익을 냈다. 일본에서도 최대 이익을 내서 앞으로 도요타의 천하가 쭉 이어질 것이라고 생각한 사람들이 많았다.

그러나 마침 그때 큰 적자로 전락했다. 다시 부활은 하겠지만, 눈부신 성장을 앞으로 얼마나 기대할 수 있겠는가.

그런 면에서 봤을 때 물음표가 붙는다.

기업이 계속 번영하기 위한 두 가지 키워드가 있다. 그것은 '자기증식'과 '자기진화'다.

보통의 회사는 '자기증식'에만 몰두한다. 예를 들어, T형 포드라는 하나의 비즈니스 모델을 만들면 그 메인 상품을 계속해서 만들어낸다. 다소 개량을 거듭한다고 하더라도 기본적으로는 자동차라는 것을 계속 증산해갈 것이다.

그러나 생명체가 40억 년 역사 가운데 '자기증식' 기능밖에 없었다면, 이 지구상에는 아직까지 박테리아밖에 존재하지 않았을 것이다. 중요한 것은 박테리아적인 '자기증식' 외에 '자기진화'라는 메커니즘을 갖는 것이다. 그것이 있고 나서야 비로소 종의 다양성이 생겨난다.

모바일 인터넷 세계는 이제 막 시작한 단계여서 진화해가는 도

중에 있다. 세계의 휴대전화 사용자 수는 최근 10년간 7억 명에서 50억 명으로 늘어났다. 앞으로는 거기에 모바일 인터넷 사용자까지 세계적으로 계속해서 늘어나게 될 것이다.

앞으로는 통신회사를 중심으로 한 휴대전화가 아니라, 인터넷 기업을 중심으로 한 모바일 인터넷 시대가 될 것이다. 시대는 변해가는 것이다.

계속 필요한 사람이 되어라.

의사결정의
속도가
중요하다

'합시다' 리스트

'했습니다' 리스트

'검토하겠습니다' 리스트

소프트뱅크에는 이 세 가지 리스트가 있다. 프로젝트 공정표다. 이것을 통해서 앞으로 경영의 의사결정 속도를 더욱 높여갈 것이다.

트위터를 통해 '30년 후의 교육은 어때야 하는가?'라고 물었더니 놀랍게도 1시간 만에 230건의 의견이 도착했다.

실로 여러 사람들의 지혜와 지식을 모아 인류 사회의 발전과 행복에 공헌하는 시대다. 이것이 소프트뱅크의 이념이며 뜻인데, 바로 트위터가 그 바람직한 사례이다.

지금은 여러 가지 강연이나 대담, 그리고 온갖 스포츠, 뉴스, 콘텐츠를 유스트림(미국에서 생긴 동영상이나 음성을 제공하는 서비스)을 통해 접할 수 있다. 실시간 동영상으로 전 세계 사람들과 정보를 공유한다. 그것에 대해 전 세계 사람들이 트위터를 통해 문자로 의견을 보낸다. 쌍방향으로 주고받는 것이 가능한 것이다.

마치 사람들의 뇌를 합치듯이 지혜와 지식을 모아 사람들이 더욱 행복해질 수 있는 사회가 찾아왔다. 거기에 소프트뱅크는 공헌해갈 것이다.

앞으로도 경영상 의사결정을 하는 데 소비자, 사용자와 직접 대화할 수 있는 기회가 더욱 많아지도록 지향할 것이다. 사람과 사람이 이어진다. 더 말하자면 사람과 사람의 마음이 이어진다. 그러한 시대가 찾아왔다.

의사결정의 속도가 더더욱 중요해진다.

산은
동료와 함께
올라라

회사란 무엇인가? 일본에서 처음으로 주식회사를 만든 사람이 사카모토 료마라고 말하는 사람도 있다. 료마가 조직한 가메야마 샤추亀山社中가 일본의 주식회사 제1호다.

나의 기업起業에 대한 생각, 뜻에 대한 생각은 《료마가 간다》라는 책을 만나면서 싹튼 것이다.

'세상에 생을 얻은 것은 일을 이루기 위함이라'라는 말은 료마의 좌우명에서 가져온 것이다. 산다는 것은 뜻을 이루는 것이라는 의미다. 뜻을 품는 것이다. 나는 이 말에 감명을 받아 '디지털 정보혁명'이라는 뜻을 걸고 소프트뱅크라는 회사를 일으켰다.

같은 뜻을 품고 있는 사람은 모두 동료다. 만약 '소프트뱅크에 입사해서 같이 산에 오르겠다'라는 사람이 있다면 보다 직접적인 동료가 될 것이다.

혼자서 오르는 산도 그 나름대로 멋진 것이지만, 누군가와 함께 오르는 산은 더욱 즐거운 법이다. 혼자 가는 소풍은 즐겁지 않다. 반 친구들과 함께 가야 등산도 더욱 즐길 수 있다.

회사를 영어로 말하면 '컴퍼니'다. 이 컴퍼니라는 것은 컴com = 함께, 퍼니pany = 빵, 즉 '빵을 함께 먹는 동료들'이라는 의미다. 이 것이 회사의 어원이다. 그러나 컴퍼니로서 더욱 중요한 것은 먹는 빵 이상으로 뜻을 함께 먹는, 뜻을 공유하는 것이다. 동료가 되기 위해서 그 이상으로 중요한 것은 없다.

진정한 동료가 되기 위한 조건은 '뜻'이다.

생명이 있는 한
목표를 향해
나아가라

회사를 시작하고 나서 1년 후, 나는 간에 병이 생겨 3년 반에 걸쳐 입원과 퇴원을 반복했다. 의사는 이대로 방치하면 간경화가 진행되어 간암이 될 것이라고 말했다. 앞으로 남은 목숨이 5년 뿐이라는 것이다.

무엇을 위해서 회사를 시작한 것인가, 뜻을 이루는 도중에 생이 다하는 것인가라는 생각이 들어 병실에서 눈물을 뚝뚝 흘리며 울었다.

회사도 고객도 어떻게 되든 상관없다. 살아만 있다면, 이제 막 태어난 딸의 웃는 얼굴을 볼 수 있다. 그렇게 자포자기하는 기분이었다. 그러한 때, 병원 침대에서 《료마가 간다》를 다시 한 번 읽었다. 그리고 자포자기했던 것이 부끄럽게 느껴졌다.

료마는 33세에 죽었지만, 그 마지막 5년 동안 역사를 바꿀 큰일을 이루었다. 그렇다면 생명이 남아 있는 5년 동안 아직 할 수 있는 일은 분명 여러 가지가 있을 것이다. 열심히 일을 하면 그동안에는 적어도 딸의 웃는 얼굴을 또 볼 수 있다.

그렇다면 지금 내 일은 어떤가. 소프트뱅크는 어떻게 하면 더욱 사람들을 기쁘게 할 수 있을까. 디지털 산업을 철저히 파고들어 가다보면, 어쩌면 그것이 사람들의 생명을 구하는 힘이 될지도 모른다. 혹은 사람의 생명과 직접적으로 관련된 것은 아니라 하더라도, 디지털 정보혁명을 통해서 '이렇게 풍요로운 인생이 있었던가'라고 마음 깊이 생각하게 할 수 있다. 그것은 생명을 구하는 것과 마찬가지로 가치 있는 일이 되지 않을까?

그렇게 생각하니 마음이 더욱 홀가분해져 결심했다. 그 후, 몇 번이고 병원을 빠져나가 회사에 가서 회의에도 참석하고 일했다. 그리고 다행스럽게도 간염을 획기적인 방법으로 치료하고 있는 의사를 만나 치료를 받을 수 있었다. 3년간 낫지 않았던 병이 3개월의 입원치료로 완치되었다.

인생은 위대하다. 새날이 오면 새로운 드라마가 기다리고 있다. 당신의 인생에 절대로 져서는 안 된다.

설령 언제 자신의 수명이 다할지 모르더라도 생명이 있는 한 목표를 향해 계속 나아갈 것. 뜻을 바꾸지 않고 타협하지 않는 것이 자신의 행복으로도 이어지는 것이 아닐까. 앞날의 일은 예상할 수가 없다. 그렇지만 최악의 리스크를 미리 예상하고, 그것을 감당할 수 있다면 앞으로 나아갈 용기가 생길 것이다.

> **오늘이 인생의 마지막 날이라면 무엇을 어떻게 할 것인가.**

시대를 바꾸는
'일하는 법'을
익혀라

병원 침대에 누워 있을 때 '나는 무엇을 위해서 뼈를 깎으며 일하는가?'라고 몇 번이고 자문자답했다. 골똘히 생각한 끝에 누구를 위한 것도 아니고 나 스스로가 회사에 가고 싶다, 가야만 한다라고 생각하기 때문이라는 답을 얻었다. 결국은 자기만족을 위해서였다.

그럼, 그 자기만족이라는 것은 대체 무엇인가. 맛있는 음식을 먹는 것인가, 고가의 옷을 입는 것인가, 호화저택에 사는 것인가, 고급차를 타는 것인가. 이것들은 거짓은 아니지만, 진짜 만족은 아니다.

병원에 입원해 있는 동안 꽤 많은 책을 읽었다. 역사서, 비즈니스 관련서, 만화를 합쳐 약 4,000권가량 되었다. 책을 읽고 생각하고 생각한 끝에 결국 자기만족의 궁극은 자신이 호화롭게 산다든지, 물리적으로 풍요로워지기 위한 것이 아니라는 것을 통감했다.

또, 대의명분 따위도 상관없었다. 딸의 웃는 얼굴을 보고 싶었다. 딸뿐 아니라 부모도, 형제도 보고 싶었다. 가족 모두의 웃는 얼굴을 보고 싶었다. 그것만으로 충분한 걸까? 함께 일하고 있는 사람들, 사원들의 웃는 얼굴도 역시 보고 싶었다. 계속 버팀목이 되어주고 있는 고객들의 웃는 얼굴도 보고 싶었다.

고객들의 웃는 얼굴이라고 하면, 어느 정도의 범위를 말하는 것일까. 어딘가에서 본 적도 없고 알지도 못하는 저 먼 나라 캄보디아의 어느 산 속에서, 진흙으로 얼굴이 더러워진 5살 정도의 여자아이가 하늘을 우러러보며 "고마워요"라고 말하는 장면을 보았다. 그 소녀가 누구에게 감사하는 것인지는 모르지만 "고마워요"라고 중얼거리고 있었다. 그것이야말로 궁극의 자기만족이 무엇인지 보여주는 것이었다.

그 궁극의 자기만족을 추구하는 인생, 즉 얼굴을 본 적도 없는 멀리 있는 사람에게 이름을 몰라도 좋으니 "고마워요"라는 한마디를 듣기 위해서 인생을 보낼 수 있다면, 이 이상 행복한 일은 없다. 그것만으로 만족할 것이다.

어떤 인생이든 언젠가는 반드시 마지막이 찾아온다. 나이 오십을 넘기면 지금 바로 이 자리에서 죽는다 해도 후회하지 않을 인생을 보내야 한다.

이름을 남기지 못하더라도 100년, 200년 후의 사람들에게 환영받는 일에 인생을 바치고 싶다.

일한다는 것은 궁극의 자기만족이다.

인간의
최고 행복과 최대 슬픔에
공감하라

'인생에서 가장 슬픈 일은 무엇일까?'

'인생에서 가장 행복을 느끼는 일은 무엇일까?'

트위터로 이 두 가지의 앙케트를 해서 소프트뱅크가 집계한 결과, 수천 개의 의견이 모였다.

가장 슬픈 일은 '가까운 사람의 죽음', '고독', '절망'이었다. 한마디로 표현하자면 모두 '고독'이라고 할 수 있지 않을까?

또 가장 행복한 일은 '매일 살아 있는 것'이었다. 그 외에도 자기실현, 사랑하는 일, 사랑받는 일 등 사람에 따라 여러 가지 의견이 있었다. 그것들은 모두 살아 있다는 '감동'이라고 할 수 있지 않을까.

소프트뱅크는 인생 최대의 슬픔인 '고독'을 줄이는 것, 많은 '감동'을 제공하는 것을 목표로 삼고 있다. 인터넷은 전세계에 혁명을 일으키고 있다. 국경, 종교, 연령, 계급이라는 모든 벽을 넘어서 말이다. 이것이 '정보혁명으로 사람들을 행복하게 한다'는 것이다.

사람은 혼자가 아니다. 모든 사람에게는 어머니가 있고 아버지가 있다. 그리고 마음을 조금 열기만 하면 친구들에게 둘러싸여 즐거운 시간을 보낼 수 있다. 사람들의 슬픔을 줄이고, 행복을 늘리기 위해서 일하고 있는 것이다.

인생을 풍요롭게 하는 일인가, 아닌가.

인생의 명제란
사람들에게 행복을
주는 것이다

어떤 일을 이룬다는 것은 멋있는 말을 할 필요도, 어려운 단어를 사용할 필요도 없는 것이다. 인생의 명제란 너무나 간단하다. 예를 들어, 컴퓨터를 사용하여 인터넷을 하고 '디지털 정보혁명'을 일으킨다. 이로 인해 많은 사람들이 바로 지금의 트위터처럼 지혜와 지식을 공유할 수 있고 500년 후, 1,000년 후의 사람들이 감사의 마음을 갖게 된다.

이것은 극히 한 예에 불과하다. 전혀 다른 영역에서 활약하는 사람도 있을 것이다. 이유도 알지 못하고 직접적으로, 혹은 간접적으로 누군가로부터 "고마워요"라고 그저 한마디를 들을 수 있다면 수단은 무엇이든 상관없다.

얼마 전에 내 트위터에 매우 기쁜 메시지가 하나 도착했다.

"나는 손이 불편한 사람입니다. 스마트폰 덕분에 14년 만에 제 힘으로 글씨를 쓸 수 있게 되었어요. 서투른 글씨지만 감사의 마음을 담아……."

이 메시지 끝에는 자필 손글씨로 '손정의 씨 고마워요!'라는 글자가 함께 있었다. 이 메시지를 읽고 나는 눈물이 날 정도로 기뻤다. 어른들은 종종 "디지털 세계에 마음 같은 것은 없다"고 말하지만 꼭 그렇지는 않다. 디지털 세계에서도 사람과 사람이 연결되어 있고, 그곳에는 마음이 있다.

병원 침대에서 내게 남은 여생이 5년이라는 말을 들었을 때, '진정한 자기만족은 돈 때문은 아니다'라고 생각했다. 가족이나 사원, 손님의 웃는 얼굴을 보게 된다면, 그리고 생면부지의 이름 모를 여자아이가 기뻐해준다면 그것만으로도 나는 행복한 사람이다. 이러한 생각을 실천하는 일에 인생을 바치고 싶다.

한 가지 일에 결사적으로 매달릴 수 있는 인생은 행복한 인생이다. 그렇다고 자기만족으로 그쳐서는 안 된다. 하지만 나 스스로 감동할 수 있는 일이 아니면 다른 사람을 감동시킬 수 없다.

그런 마음을 조금씩 공유하고 가능한 한 많은 사람들에게 조금이라도 행복을 줄 수 있다면, 인류가 더욱 평화로워지고 더욱 많은 사람들이 행복해질 수 있다. 최종적으로 그런 세상에 공헌하는 것이 한 사람 한 사람의 '인생의 명제'를 완수하는 것이 아닐까.

우리 모두 행복의 나라로!

수단은 어떻든 목적지는 같다. 인생의 목표는 행복이다.

모두의
행복을 위해
일하라

2002년 6월에 소프트뱅크의 '신 30년 비전'을 발표했다. 이 '신 30년 비전'은 전 그룹 사원 2만여 명의 뛰어난 지혜를 모으고, 또 회사 밖에서도 트위터를 통해 많은 분들에게 의견을 구해 1년에 걸쳐 만든 것이다.

'신 30년 비전'을 만든 다음에 300년 단위로 큰 그림을 그리며 계획을 생각해보았다. 무어의 법칙(마이크로칩에 저장할 수 있는 데이터의 양이 18개월마다 2배씩 증가한다.)에 기초해서 계산하면, 컴퓨터 칩 하나에 들어가는 트랜지스터 수는 2018년에 인간의 뇌세포 수를 넘는다. 또 300년 후에는 인간 뇌세포의 1핵*2의 3승 배

라는 막대한 수가 된다. 즉 앞으로 300년 동안 트랜지스터의 수
가 단숨에 인간의 뇌를 넘고, 인류 최대의 패러다임 변화가 일어
나는 것이다. 미래 세계에서 소프트뱅크의 책임은 이 패러다임 변
화에 대해 인간의 뇌세포 작용을 초월하는 '뇌형 컴퓨터'를 실현
시키는 것이다.

이러한 뇌형 컴퓨터를 실현하면 고도의 DNA 치료나 인공 장기
의 개발 등도 가능하고, 나아가 그것들이 일반화될 것이다. 그 결
과, 인간의 평균 수명은 300년 후에는 200세 정도까지 연장될 것
이라고 나는 예상하고 있다.

그리고 자신의 판단과 풍부한 사랑으로 사람들을 구제하는 로
봇마저 생겨날 것이다. 그들은 인류가 지금까지 해결하지 못한
재해나 바이러스와 같은 다양한 문제로부터 인류를 구해줄지 모
른다.

그렇다고는 하나, 300년 후에도 인간은 서로 갈등으로 번민하
고 기뻐하기도 하며 사랑하는 일을 멈추지 않을 것이다. 그렇지만
어쩌면 인간끼리만이 아니라 인간과 '초지성'을 가진 로봇이 서로
감정을 주고받는 시대가 올지도 모른다.

그러한 SF 영화에 나올 듯한 300년 후의 세계를 그려보면, 30년
후의 이야기는 정말 현실적으로 다가온다. 앞으로 30년 후에는 인
간의 뇌세포 수의 약 10만 배에 달하는 트랜지스터가 한 개의 칩

에 들어가게 된다. 메모리 용량은 현재의 약 100만 배, 통신 속도는 약 300만 배가 될 것이다.

30년 후의 아이폰에는 5,000억 곡의 노래가 들어가고 신문 3억 년 분의 정보가 들어가게 된다. 또 전자기기뿐만 아니라 주변의 온갖 물건에 컴퓨터 칩이 들어가, 사람들의 라이프스타일도 크게 달라질 것이다.

그러나 우리가 이러한 세계를 실현시키려고 하는 것은 단지 인간을 놀라게 하거나, 돈벌이 도구로 삼기 위해서가 아니다. 사람들을 더욱 행복하게 하기 위해 우리는 '정보혁명'을 실현하려는 것이다.

300년 후를 그려보면 30년 후의 일은 실현할 수 있다.

뜻을
높이
가져라

그리하여 2002년, 많은 사람들의 뛰어난 지혜를 모아서 '신 30년 비전'을 만들었다. 그러나 '신 30년 비전'을 만든 것은 다음 30년 뿐만 아니라, 우리 그룹이 300년간 계속 성장해나갈 수 있는 조직론을 설계하기 위한 것이기도 했다.

내가 소프트뱅크 사장 자리에 있는 것도 길어야 앞으로 십 수 년이다. 다음은 여러분의 세대가 이어받아 짊어지고 서게 된다. 아무리 짧아도 앞으로 300년간 세상은 계속 성장해나갈 것이다. 시대가 아무리 변화한다고 해도 늘 최첨단 정보혁명을 이끌어가는 문화, 유전자를 설계해서 정착시켜가는 것이 나의 최대의 역할이다.

나의 직접적인 후계자는 한 사람일지 모르지만, 소프트뱅크 그룹에는 이미 약 900개의 회사가 있다. 더욱이 20년 후에는 5,000개 사로 만들고 싶다. 그 회사들이 동지적 결합을 하고 자기증식, 자기진화를 반복해나가는 조직체를 만들고 싶다. 소프트뱅크 그룹의 사원은 남성이든 여성이든 앞으로 그룹 기업의 사장 혹은 임원이 될 자격이 누구에게나 있다. '내가 리더십을 발휘하겠다!'라는 마음으로 열심히 일해주었으면 한다.

그 생각을 다음 세대의 경영진에게 전달하기 위해, 앞에서도 얘기했지만 후계자 육성기관 '소프트뱅크 아카데미'를 개교했다. 나의 후계자는 여러분 중에서 탄생할 것이다. 또 회사는 많은 사원들로 이루어져 있기 때문에 후계자뿐만 아니라 사원이 여러 가지 기술이나 지식을 학습하기 위한 '소프트뱅크 유니버시티'라는 제도도 만들었다. 여러분이 꼭 절차탁마(切磋琢磨, 학문이나 인격을 갈고 닦다)해주기를 기대한다.

나의 이러한 가치관을 공유할 수 있는 여러분과 함께 일을 하고 싶은 마음이다.

마지막으로, 여러분과 꼭 공유하고 싶은 것이 한 가지 있다. 여러분이 어떤 곳에서 일을 하게 될지는 중요하지 않다. '내가 살고 있는 곳의 미래를 위해, 사람들에게 도움이 되고 싶은 일을 하고

싶다.' 이런 열정적이고 가치 있는 생각으로 뜻을 높이 가졌으면
한다.

이것이 나의 메시지이다. 돈도, 제품도 도구에 지나지 않는다.
가장 중요한 것은 그러한 도구를 사용해서 한 명이라도 더 많은
사람에게 '고맙다'는 인사를 받는 것이다. 그것이 나의 생각이며,
소프트뱅크 그룹 사원 모두가 공유하고 있는 생각이다. 그 생각을
여러분과도 꼭 공유했으면 한다.

> **한 명이라도 더 많은 사람에게**
> **'고맙다'는 인사를 받을 수 있게 하라.**

지금 너에게 가장 필요한 것은

초판 1쇄 2013년 4월 20일
초판 7쇄 2017년 3월 14일

엮은이 | 소프트뱅크 신규채용 라이브 편찬위원회
옮긴이 | 정은영
발행인 | 정은영
편집 | 김지수, 양승순
디자인 | 디자인 붐

펴낸곳 | 마리북스
출판등록 | 2007년 4월 4일 제2010-000032호
주소 | 03925 서울시 마포구 월드컵로 400 문화콘텐츠센터 5층 21호

전화 | 02)324-0529, 0530
팩스 | 02)3153-1308
홈페이지 | www.maribooks.com
인쇄 | 현문자현

ISBN 978-89-94011-37-0 (03320)